MIGIRDÎÇ MARGOSYAN • Li ba me li wan deran

AVESTA / EDEBIYAT: 48 / 9
Li Ba Me Li Wan Deran
Migirdîç Margosyan
Navê kitêbê ê Orijînal: Gâvur Mahallesi
Wergera ji Tirkî: Rûken Bağdu Keskin

Edîtor: Abdullah Keskin
Dîzayna Bergê: Ahmet Naci Fırat
Wêneyê Bergê: Reza
Redaksiyon: Goran Haco
Rastkirin û Mîzanpaj: Avesta
Çapa Yekem: 1999, Stenbol
Çap: Gülen Ofset

© Migirdîç Margosyan
Mafê wergera Kurdî ê Avesta ye.
Bê destûr bi tu awayî nayê kopîkirin

**AVESTA BASIN YAYIN REKLAM TANITIM
MÜZİK DAĞITIM LTD. ŞTİ.**
Asmalı Mescit Sokak
Şahin Han 35 / 403
Beyoğlu / İstanbul
Tel-Faks: (0212) 251 71 39

ISBN: 975-7112-57-7

Mıgirdîç Margosyan

LI BA ME
LI WAN DERAN

Werger: Rûken Bağdu Keskin

avesta

MIGIRDÎÇ MARGOSYAN–Di 23'yê Kanûna 1938'an de li Diyarbekrê li Taxa Xançepek (Taxa Filla, Gâvur Mahallesi) hatiye dinyayê. Piştî dibistana navîn çûye Stenbolê. Li Zanîngeha Stenbolê di Fakulteya Edebiyatê de beşa Felsefê xwend. Di navbera salên 1966 û 1972 de li Lîseya Surp Haç Tıbrevank mamostetiya felsefe, psîkolojî û edebiyatê û midurtiya dibistanê kir. Pişt re dev ji mamostetiyê berda û dest bi bazirganiyê kir. Berhemên xwe yên edebî di rojnameya Marmara de weşandin. Bi van çîrokên xwe yên ku di vê kitêbê de cih digrin di sala 1988'an de Xelata Edebiyatê a Waqfa Elîz Kavukçiyan (Parîs–Franse) wergirt.

NAVEROK

Taxa Filla / 7
Kurê Mama / 13
Kevok / 20
Li Şîşliyê Baran / 31
"Xwezî bi Wan Kesan ku li vê Dinyayê Jar in" / 36
Dîkran, Nazar, Xaço û yên din / 45
Keça Tûmas / 53
Em / 59
Nan, Nan, Nan / 64
Kix Sîlva / 71
Xaço / 81
Wêne / 93

"Min di nivîsên xwe de qala ba me, wan deran kir. Çawa min dît û jiyam, weke xwe. Hema bêje min dest neda tîp û navên kesan, bêguherîn weke xwe hiştin. Gelek ji wan kesan; ji wan xwişkan, ji wan xalan, ji wan apan, ji mêj ve derbasî dinya wî alî bûne. Hinek be jî bila navê wan, bîranînên wan di nav van rêzikan de, di vê kitêbê de bijîn".

Migirdîç Margosyan

TAXA FILLA

Rojeke zivistanê bû. Berfê rûwê hemû kuçên Diyarbekrê vegirtibû û ew xistibû bin hukmê xwe. Berf wek riya Sarkîsê Dilovan, fîq spî li seranserê rê dirêj dibû. Ji hewşa dêrê bi pêpelûkên derencê ve hildikişiya diçû ser dîwarê ku zengilê dêrê li ser bû û xaça pîroz a li hafa bajêr dida hembêza xwe maç dikir.

Ûso, zengilvanê dêrê bû. Jê re digotin Ûsoyê dînik jî. Jixwe divê gava mirov behsa wî bike jê re bêje yekî "kêmaqil" rasttir e. Berî ku Ûso li dêrê bibe zengilvan, li ba birayê xwe yê bi salan jê mezintir, Sebroyê Hesinger nixafê dikişand. Ûso bi wê kêmaqiliya xwe carna dikir ku şîreta li Sebro –bi navekî din Kûpê Hêrsê– bike. Lê hingê jî hema nedima ku qiyamet ranebûwa. Wisa bi devê hev digirtin ku êdî biratî li alîkî dima, şer dibû şerê hoste û şagiran. Heta ku cîran dihatin hewara wan û bêyî ku xwîn birije ew li hev dianîn. Ûso wê bi hêrs pêşmalka xwe deraniya û bivirviranda bi alî birayê xwe ve bigota "Heke careke din piyê min bi vir ket bila ez kurê te bim!.." Piştî komek çêr û pêçarî weke hercar wê rasterast berê xwe bidaya alî dikana birayê xwe yê din cêwiyê Sebro, Rizgo bêpirs û bersiv wê biketa ber nixafê.

Hemû kes hînî çûnûhatina Ûso ya di navbera Sebro û Rizgo de bûbû... Kes berbayî wan pevçûnan nediket. Sebro û Rizgo herdû ji mêj ve zewicîbûn, bûbûn xwedî mal û kar. Ji gava ku bavê wan miribû Ûso û diya xwe Xwişka Rihanê herdû bi tenê ji xwe re li menzeleke di hewşa dêrê de diman. Piştî ku Zangoç Zifkar çû ser dilovaniya xwe, rêvebiriya dêrê bi biryarekê Ûso anî ser karê Zengilvaniya dêrê. Cemaeta Ermeniyan bi vê biryarê pirr kêfxweş bûn lewre digotin bi vî awayî "bi kevirekî du çivîk hatin xwarê". Ji xwe re digotin bi vî şiklî be emê him ji pevçûna navbera herdu bira xelas bibin him jî lê ne lê ji zengillêdana Ûso xelas bin... Li aliyê din jî bela ku divabû tim û dayîm li dêrê li ser karê xwe bimaya, ewên ku carna li kolanan didane dûv wî û henekên xwe pê dikirin wê ji vê kêfê û çerên wî yên ku li tu deveran nehatine bihîstin bêpar bimana...

Wê rojê, wê roja fîqspî, Ûso bi mirina Meyrema Gozelan pirr êşiya. Kî bimraya li ser wan digiriya. Li pey mirina hemû kesî kezeba wî diperitî. Jixwe hema bêje herûher xilolîk ji çavan dibarîn. Piştî ku li ser Meyremê jî têr giriya di cî de bû gine gina wî. "Hiça sipîsax bila li ciyê xwe be û Meyrema weke gulekê rabe bimre... De were nebeice!"

Dînîtî û kêmaqiliya Ûso li aliyekî lê birastî jî piştî bû zengilvan, xwe ji dilûcan da ser karê xwe. Piştî li ser Meyremê têr hêsir barandin karê wî hate bîra wî û bi bazdan çû dêrê, kendîrê zengil bi çengelekî ve heliqandî bû, wî jê kir û heta jê hat xwe da ser kendîr, zengil lê da. Dengê zengil bi dîng dongê pêl bi pêl li hemû kuçan belav dibû heta li ser berfa xêniyan kombûyî jî diket û olan dida. Ew jî tevî dengê zengil di ber xwe de mijûl dibû û digot:

"Xesû ma bûk çû." "Xesû sax bûk mir."

"Ma di vê berf û baranê de ev îş bû te anî serê me! Ez dibêjim qey Xwedê jî xwe şaş kiriye!"

"Tobe, tobe, tobe..."

Hew dihate bîra Ûso ku êdî ji zengilê bigere. Melayê mizgefta nêzîkî wan yê mizgefta Şêx Meter bi bêhnfirehî li benda rawestina Ûso bû. Di ber xwe de bû "ya sebir sebra" melê û rabû derkete ser minara çarling a mizgefta kevin.

"Ellahûekber, Ellahûekber!..."
"Dîng–dong, dîng–dong!..."
"Ellahû!.."
"Dîng!..."
"Ekber..."
"Dong!.."

Nisredînê muezîn heta azan da, pozê wî ji serma bû weke balîcaneke sor û xwe ji minarê berda xwarê. Ûso hê jî bi vê bejna xwe ya kinik xwe dirêjî kendîrê zengil dikir, di vê navê de bi daketina muezîn şa dibû û pê re çend carên din jî li zengil dida. Dengê zengilê wî pêl bi pêl heta cihên herî dûr belav dibûn û diçûn li ser nermika guhên Ermeniyên ku ji serma soro moro bûbûn dibûn pirs û datanîn.

"Kirîvê Bedo! Êra xêr e di vê saetê de dengê zengil, çi qewimiye?"
"Xêra çi halê çi... Meyremê miriye."
"Rebenê ji xwe re xelas bû... Êş mêşa wê nema..."
"Lê hê gelek ciwan bû."
"Ev tişt guh nade ciwanî û pîrîtiyê."
"Rast e."
"Xwedê gunehên wê efû bike."
"Amîn."

Guhekî Dîkranê Hesinger li ser zengilê Ûso yê din jî li ser mişteriyê wî yê Kurd bû. Bi ser şagirê xwe yê ku nixafê dikişand de xeyidî.

"De bilez bikşîne, hadê!"

Li aliyê din jî hişê Dîkran çûbû ser zengil. Di nav dengê zirme zirma hesinê sincirî ku ji ser tifikê hê danîbû û dikuta de difikirî ka çi qewimiye.

Tûmasê çêkerê yemeniyan gava dengê zengil î ne di wextê de bihîst gazî şagirê ber destê xwe kir û gotê: "Girbo! Baz de here dêrê binêre bê çima evê dînik wisa misêwa li zengil dide..."

Girbo jî jixwe li hêviya fersendeke wiha bû ku xwe bi avêje kuçê bi hevalên xwe re bi kapê bileyize. Zûzûka pêşmalka çerm î li ber xwe ji xwe kir û weke tîre kîdakete kuçê.

Girbo piştî ku têra xwe bi hevalan re bi kapê leyîst û zora wan bir nû hate bîra wî wê hostê wî ji ber ku dereng ma çi bîne serê wî. Gava vegeriya dikanê hoste bi ser de hilbû:

"Ev du saet in tu li ku derê bûyî se kurê se!"

"Hoste, Meyremê miriye."

Lê hostê wî ji zû ve sedemê lêdana zengilan ji Sagoyê Sefar ji Samoyê Pûşîfiroş, ji karkerê Siko; ji Dono yê Çavtewş û ji Hecî Nono bihîstibû.

Gava Ûso dît ku muezîn Nisredîn ji minarê daket bi kêfxweşiyeke serfirazî benê zengil bi çengel ve girêda û xwe avête derve. Berê xwe da wan taxên herî dûr da ku kesên kerr î dengê zengil neçûbû wan hayîdar bike. Bi rê de çi cara rastî Ermeniyekî dibû mesele her carê bi şiklekî ji wan re digot:

"Meyrema Gozelan mir!"

"Wa Xalê Dikro!... Meyremê, bûka Hiçê çû rehmetê."

"Mamê Sako te bihîst? Meyroka delal miriye."

Ûso bi bejna xwe ya kinik di nav berfê de digindirî, carna pêlava wî ji piyê wî diket û di berfê de asê dima, çêrek ne dima pê nedikir û di vê roja zivistanê de ji xwîdanê şilo pilo dibû heta digihîşt Taxa Filla.

Li Taxa Filla ya zemanekî bi navûdeng li dewsa yên ku bi koçê li çar aliyê dinyayê belav bûbûn vêga sê çar malbatên Ermeniyan mabûn. Hemû her yekê ji wan berê xwe dabûn welatekî xerîb. Tenê nav jê mabû: Taxa Filla.

Piştî Ûso ji hal û hewal ket berê xwe dîsa da dêrê. Li malan û dikanan hemû kesî behsa Meyrê dikir.

"Weyla bedewê!"

"Rebenê!"

"Xwedê texsîrata wê efû bike!"

"Tobe tobe lê ne dora wê bû!"

"Heta pîr hebin meriv ciwana jî nabe..."

"Heyfê, heyfê!"

"Çi çavne belek li bêbavê bûn."
"Jixwe bejn û bala wê!"
"Tew ew çav û birû!"
"Lê ew meşa nazenîn."
"Te dît di daweta de gava diket govendê?"
"Li pey xwe du zarokên sêwî hişt."
"Wê Hiçê wan xweyî ke..."
"Hiçê bi kêrî xwe nayê heta dora zarokan !..."

Mijûlahî û galegal heta Meyrê veşartin kişandin. Dêr heta bi dev tije bûbû. Ûso digot ji ber ku min baş li zengil xist evçend alem li hev civiya. Hema bêje hemû kes wê rojê hatibû dêrê. Ji xeynî "Vanesê Qoqderizî." Vanes yekî dîngelekî bû ji wê yekê xelkê ev nav lê kiribû. Ji ker û hesp û hiştiran re kurtan didirûtin. Ji xeynî rojên yekşemê pêve tucar dikana xwe ranedida û miftê nedida destê şagirê xwe nediçû hewarî mewariyê. Jixwe kesî ji vê pê ve tu hêvî jê nedikir. Kesên ku nedizanin çi karî dike û jê dipirsîn bi pirmekî mezin li wan vedigerand digot: "Ez terziyê kera me." Ji kerekî ku vê bersivê bide tê çi kerîtiyê bipê.

Meyremê birin li ber serê keça wê veşartin. Keça wê ya ku şeş meh berê anî bû... Tevî hinek girî, bêhna bixûrê û diayên Keşe Arsen.

Roja pêşî ji bo xêrata Meyremê helawa tehînê û nan hate belavkirin. Gedeyên Kurda yên bêderpê matmayî li rî, cibe û xaça zîv ya di destê Keşe Arsen de dinihêrtin di berde jî nan û helawa ku dabûn wan dixwarin.

Meyrema Bedew piştî ku tevî axa reş bû hemû kes vegeriyan ser karê xwe. Eğûşê lastîkvan dîsa dest bi dirûtina çaroxan kir, Meroyê Hesinger faqên gura çêkir, Nişo yê Qop ê xerad ji darên hilûka bilûran çêkir, Henûşê Nalbend, nala kuta, bi kurtayî hemû kes dîsa bi karên xwe yên rojane ve daketin. Di vê navê de Ûsivê Etar ê Keldanî, cîranê wî yê berber ê Suryanî Aqo lîstika damê domandin.

We şevê xew li du kesan tenê herimî. Yek jê mêrê Meyremê bû, Siko hostê dîwaran, a din jî xeswa wê Hiçê bû. Hiçê ya pîrik ji kerbê ku bûk berî wê miribû dimir. Digot qey ji rûwê wê ev yek qewimiye.

Siko gava kete nav nivînan kurê wî yê piçûk Seto û keça wî ya heşt salî Teko ji mêj ve di xew re çûbûn. Ew û diya xwe Hiçê li bin roniya lembê ya kêm ji xwe re li rismê Meyrê yê keçikaniyê ku bi dîwar ve bû dinihêrtin.

Li derve, li wan kuçên Diyarbekir yên teng de di wê şeva zivistanê de gava Sarkîsê Ezîz riya xwe ya ji berfê spîtir difirkand, Meyremê li nivînên xwe yên germ digeriya û bêriya paşela mêrê xwe yê bi pirç dikir.

KURÊ MAMA

Li aliyê me wan deran, li diyarê me gava jinikek avis be, wî çaxî "ducanî"ye. Wisa be "bibar"e.
 "Kevanî bibar e..."
 "Êra we nebihîstiye Hiçê ducanî ye?"
 "Jinik îsal jî avîs e, helal be!.."
 Li aliyê me wan deran ji bo jinikek bi halekî bimîne, bihemle be, ne hewceyî bijîşk û dermana ye. Temamê jin û mêran hema ciyekî rayî kin û keysê li hev bînin ev îş temam e!.. Neh meh û deh roj bi şûn ve wê piştiyê xwe deynin. Jina ku salê carekê an ji du salan carekê zikê xwe newerimîne neyne ber pozê xwe an jî neh deh caran vî karî pêk neanîbe bila jixwe re nebêje ez jî "jin" im! Ne wisa be ew jin ber nagre.
 Li aliyê me gava jinek avis dimîne Kurê Mama pê zane bê çend rojî an çend mehî ye... Ne ji Kurê Mama be kî kare wan zarokan bîne dinê wê kî wan geda bikişîne derîne ji hûrê diya wan, kî wê bi meqesa ko û zengarî wan navikan bibirre û bêje:

"Wa Hiçê! Vê neqlê jî qîz e..."
"Xatûnê çavik rijiyayê, ev qîza çara ye te anî..."
"Xanimê çavê te bi ronî! Ê vê carê kurekî serzebeşî ye..."
Hûn zanin "birmotî" çi ye? Birmotî Kurê Mama bi xwe ye. Em, ango nifşê ku li Diyarbekrrê li ber destê Kurê Mama çêbûne me bixwe pêşî Kurê Mama bi birmotiyê nas kiriye.

Kurê Mama hercar şûtikekî ji vanê şuxlê Kurdan li newqa xwe dipêça. Qutîka wê ya birmotiyê ya piçûçik î ji malê kevçiyan di nav wî şûtikî de bû. Wê hercar ev qutîka birmotiyê bi hezir ji ber xwe derxista, bi tiliya mezin û ya nîşandanê hêdîka ji ser de bigota tip tip lê bidaya û pişt re jî hêdî hêdî wê devê wê vekira. Wê bi herdû tiliyan ji toza zerpilokî ya nav qutikê piçekî hildaya, wê berê xwe bida kesên li dorê vehewiyayî bi awirne ji xwe qayîl û bikêf wê pêşî destê xwe bibira ber firnika rastê a pozê xwe yê mezin pişt re jî bibira ber a çepê û bikişanda. Toza ku li mûyên zerbûyî yên di qula pozê wê de ertilî mabûn cara duduwa ku bi awayekî xurt hilma xwe dikişand tevde diçûn heta nav pişikê wê. Bê birmotî hedana Kurê Mama nedihat. Çawa ku xirîstiyanek bê babtîz nebe Kurê Mama jî bê birmotî nedibû. Belê, Keşe Arsenê rîgijgij jî li ber xaç û Încîla Pîroz û li ber Xwedayê ku li ezmana digere wê sond bixwara bigota ku şikra Kurê Mama gava çêbûye wê tevî birmotiya wê babtîz kirine û bi wî awayî xirîstiyaniya wê qebûl bûye.

Em, ango nifşê ber destê Kurê Mama di piçûkayiya xwe de gava em hê bê derpê digeriyan me wê li ku derê bidîta, bazdida pêşiya wê emê biçûna destê wê. Şîretên bavên me wek guharan bi guhê me ve bûn:

"Kengî gava te Kurê Mama dît tu herî destê wê maç bikî û deynî ser serê xwe."

"Ne ji Kurê Mama bûna bêyî tu çê bibî tê bimraya..."

"Nebî tu qet keda ku Kurê Mama bi te re dîtiye jibîrbikî!"

Kurê Mama bi serê xwe efsaneyek bû. Em her yekê ji me parçeyek ji vê efsanê bûn. Bela ew hebû em jî hebûn, bela ew dijiya me dikaribûn em bên dinyayê. Nizanim gelo em ji wî Xwedayê ku her roja yekşemê li dêrê me destê xwe jê re vedikir dia dikir û tu cara me ew nedît, ji melayketên ezmanan bêhtir em ne deyndarê Kurê Mama bûn? Gava ew jinika efsane ji kula dilê xwe re têr birmotî dikişande pozê xwe, em zarokên artêşa bêderpê li dorê diciviyan û bi yek dengî me dida qîra:

"Kurê Mama, Kurê Mama! Tu bi Xwedê kî birmotiyê bidî me jî."

Kurê Mama bi hêrs li me vedigerand digot "nabe" an "na". Lê dîsa jî dibû lave lava me: "Kurê Mama Kurê Mama tu Xwedê hema hinekî, piçikekî."

Vêca ewê bi dengekî bilind û biken rabûwa me:

"Weyla se kurê seno. Ma ji bo hûn bibin bela serê min, min hûn ji nava ranên diyên we kişandin û deranîn..."

Carna jî gava bêhna wê fireh bû ku me keysê lê dianî, vêca digot:

"Ha ji we re kurê keran. Lê hindik hilînin ha!"

Gava Kurê Mama qutîka birmotiyê dirêjî me dikir me bi dilgermiyeke xurt û bi hurmeteke mezin nêzîkayî lê dikir. Te digot qey em ber bi xaça pîroz î ku pêxemberê me Îsayê Ezîz bi çarmixa lê xistibûn ve diçin. Te digot qey me destê xwe dida Încîla pîroz ku her yekşem li dêrê li ber Keşe Arsen me destê xwe didayê me wisa dida qutîka birmotiyê, hinekî jê hiltanî û bi qamê Kurê Mama me jî dikişand pozên xwe. Piştre jî weke ku hûn dizanin wê çavên me şil bibûna li hev soro moro bibûna û bibûya pişke pişka me. Gava Kurê Mama em di vî halî de didîtin dibû tiqe tiqa wê dikiniya û bi kêf digot: "Pîçikên min... Birmotî li kû hûn li kû! Heyfa birmotiya min a delal."

Em, ango ewên "em kişandibûn û deranî bûn" gava me ditît Kurê Mama piştî birmotiyê dikişîne nabênije me ji xwe re bawer dikir ku ew ne miroveke wek herkesî ye. Xisletên wê yên derî beşerî hene.

Di bin banê wan xaniyên me yên ji pirîketan ku banê wan bi herî û kayê hatibûn sewaxkirin de me qedrê herî mezin dida Kurê Mama. Di wan malên me yên bi sê çar kutekî de her car cihê xweş î ser dikê ji Kurê Mama re bû. Ku dihate malên me ew cihê rûniştina wê bûn.

Me digote wê:

"Kurê Mama lingê xwe dirêj ke, rehet rûne."

"Kurê Mama vî balgiyî bide ber pala xwe, rehet rûne."

Kurê Mama biçûya mala kîjan Ermeniyî di wê malê de wê "pîçekî" wê yî ku wê navika wî birî be hebûya. Her kesî ji ber vê yekê zahf qedrê wê digirt. Li ba xelkê weke Keşe Arsen bû. Zahfê caran jê bi qîmettir bû jî. Yekî hêza xwe ji Încîlê, a din ji destên xwe distand. Ê Keşe Arsen li balê xaçên pîroz, nanên pîroz, şerab, Dayika Meryem, Îsa û Xwedê hebûn. Lê Kurê Mama lîstika xwe bi du jinikên alîgirên pîr î wek xwe, qûşxaneyek ava germî nehelalkirî du sê terîş potik û bi meqeseke ko didomand. Di bîranînên dayikên me de her tim du sê gotinên aydê lîstikên Kurê Mama hebûn digotin:

"Kurê Mama tam di wextê de gihîşt ez xelas kirim."

"Gava ez bi Serop bihemle bûm ne jê bûna neha ji zû ve miribûm."

"Berî duayên Keşe Arsen ez deyndarê tiliyên Kurê Mama me."

Kurê Mama zahf hij ji qeremaçê dikir. Hercar destikek kaxet di nava pêsîrên wê yên kişiyayî û pîrotankî de veşartî bûn. Çi gava bihata malên me wê dayikên me li dora xwe kom bikira û dest bi lîstikê bikirana. Her car jî zora wan dibir. Gava dileyîstin nedihişt kes here agirê bin xwarinê gurr ke an şorbê tevde an jî bi karekî din dakeve. Heta leyîstik neqediyaya kesî nikaribû ji cihê xwe bilive. Dema hinekan destûr bixwesta radibû digot:

"Ka em destekî din jî bileyizin."

"Ka çika em wan kaxetan jî belav kin."

"Ka wî papazê dînar jî bigre."

Bi van ka û ka'yan lîstik dirêj dibû.

Ji bo dilê wê nemîne vêca xwarin an difûrîn an jî davête binî. Bav gava dibû şev dihatin malê û çav bi xwarinên bê tam, kelê an jî şewitî diketin li ser sîniyên sifir zanibûn mesele çiye û dipirsîn:

"Ev çi ye Hiçê xwarina te şewitiye, qey Kurê Mama li cem me bû?"

Pirrî caran jî diyên me berî ku bavên me bipirsin digotin;

"Mehîr hinekî kizirî lê pa çawa bikim Kurê Mama li vir bû."

Diyên me xwe bi Kurê Mama xelas dikirin. Gava xwarina wan biavêta binî bilez xwe dispartin Kurê Mama. Ji bo bavên me ev sedem bes bû. Ew ji dayikên me re hêvî bû, tesellî bû, zahfê caran jî melayketa bêper bû. Di bajêr de ewê tenê porê xwe sor dikir. Hine lê dikir. A rast hina xwe dikirî û berê xwe dida nav malên me:

"Hiçê rebenê ka rabe wan porên min î spîbûyî hinê li wan ke."

"Xatûnê, dora hinê li te ye."

Kurê Mama li ku derê deriyekî vekirî bidîta karibû bê destûr biajota hundir. Wey li wan rebenan ku deriyê wan girtî bidîta. Wê tevî zengilê derî, dengê xwe yê zîz jî bi ser hemû denga bixista û bida qîra:

"Keçno, jinikno! Hûn li ku ne, ketine çi qulê. Roj qelibî ser nîvro. Hûn hê jî ji nav paşila mêrên xwe yên bi sipî derneketine?

Piştî dengê zengil û yê wê, wê derî vekirana û wê bihewandana hundir û dest bi lêkirina hinê bikirana. Piştî hinê wê porê wê yê dirêj delal bişûştana bi şehekî darî şehkirana û li ser serê wê bidana hev. Pişt re jî dest bi lîstika qeremaçê bikirana.

Bavên me jî ji bo xweşkirina dilê Kurê Mamayê rê didan hev. Çawa hebe sibêro gava dayikên me biwelidin wê Kurê Mama li ber serê wan be. Ma wê ne Kurê Mama bi destê xwe berê ji tovê ku bavên me di zamê diyên me de diçandin bidirûta? Vêca ji ber vî awayî bavên me ji qedirpêdanê re diketin dorê, digotin:

"Kurê Mama bêhna vê birmotiyê pirr xweş e ha ji te re!"

17

"Kurê Mama ka binêre min vê enfiyê ji bo te bi qaçaxî ji Helebê anî, qutîka wê jî entîke ye!"

"Kurê Mama ha ji te re destikek kaxet, ji Sûrî hatine..."

Wê ji van diyariyan pê derdixista ku kê çi çaxî "tov" reşandiye. Bi keviya lêvê dikenî û diket nav hesabên bê wê ev diyarî ji kê re keç ji kê re law bînin. Dûv re jî qutîka xwe ya enfiyê dixist ber şûtikê pişta xwe, kaxetên lîstikê jî di nav wan pêsîrên xwe yên qermiçî yên mîna bastêqan de bi keys dikir.

Kurê Mama bi tena serê xwe dijiya. Mala wê li kuçeke Diyarbekirî teng û tarî bû. Xaniyê wê Weqfa Dêra Ermeniyan ya Sûrp–Ezîz Gîragos bû. A rast mirov bêje xwe spartibû wê derê çêtire. Kesî di heqê wê de tiştekî nizanibû. Jixwe wê jî tucar bahs nedikir. Ji aliyê Dibnê hatibû. Li vê derê li Diyarbekrê kurekî wê di bin xaniyekî hilweşiyayî de mabû. Hemû tiştên jê tê zanîn ev e:

Lê rastiyeke din ev bû: Mala hemû Ermeniyan mala wê bû jî. Ew ne tenê xwediyê malên me, xwediyê zamên diyên me bû jî. Her car bi vî şiklî gazî wan diki:

"Xatûnê sala bê ez te ducanî bibînim baş e! Ev çi zexelî ye keçê!"

"Meyro qîza min ev çi hal e? Ma tu nakevî paşila wî mêrê xwe yê wek nêriyê bi pirç? Ev du sal in tu tirral bûyî."

"Senemê, binêre vê payîzê di Cejna Tirî de ez wî hûrê te bel bibînim ha! Çi ye tu weke bûkên nû naziyan dikî. Hinekî xwe li hev bade. Ji wî Dîkro yê mêrê xwe re jî bêje, di nav ciyan de bila te bide ber hembêza xwe, tu jî wî baş bide ber dilê xwe ku kurekî bînî..."

Ên ku li ber destê Kurê Mama çêbûn vêga hemû bûne dê û bav. Lê ew vêga li Diyarbekrê li nav mezelkên Ermeniyan yên ku li biniya sûrê ne, komikek ax e...

Li wê derê, li bin wê loda axê ew di paşela xwe de tevî kaxetên qeremaçê û qutîka birmotiyê ketiye nav xewa xwe ya bêdawî.

Ên ku diçin ser mezelkan zanin bê ew li ku razaye. Li ber wî mezelê wê yê piçûk, ne îşaretek, ne xaçek, ne navek ne jî kêlek heye.

Lê ên diçin serdana mezelkan bi desta nîşanî hev didin dibêjin.

"Binêr, mezelê Kurê Mama ev e."

"Kurê Mama ya me li vê derê radizê. Xwedê gunehên wê efû bike..."

"Were, em herin li ser mezelê Kurê Mama dia bikin..."

Wê herin bixwînin dia bikin, bixûrê pêxin... Bi min gava dûyê şîn ji bixûrdankê dikişiya li dûv xwe carna şiklê qaroyeke qeremaçê, carna jî şiklê Keşe Arsen xêz dikir...

Lê her tim bêhna "birmotiyê" jê dihat.

KEVOK

Dema min ji we re çîroka Kurê Mama got, min gotibû ku li Diyarbekrê gava keçikek bizewiciya bêyî vir de wir de hahaka bi zaro dima. "Dubarî" dibû.

Gava payîz an jî bihar bihata tevî duayên Keşe Arsen û destê Kurê Mama yên bixêr wê barê xwe daniya. Ku qîz bûna "rûreşî" bû lê ku kur bûna "paşatî" bû.

Heke mêvanê ku pê li vê dinyayê bikira keç bûna, ew ked û ew wext hemû beredayî diçû.

Jixwe li aliyê me ji bo jina biqasî avisbûnê, keçanîn jî karekî hêsan bû. Tew ne hêsan tenê lê tiştekî ji rêzê jî bû. Kesî anîna keçan ji kar jî nedihesiband. Gava jinan keç dianîn mîna ku di şerekî de têk herin. Lê ku paşa bûna wî çaxî karibûn destên xwe hildana û îşareta serfîraziyê çêkirina. Bi kurtayî a rast ev bû: Jinên bi hemle an bibar, an jî ducanî tev jî karibûn keçekê bînin.

Tiştekî ji vê xwezayîtir çi ye?

Lê ku kurekî ne aniyana ji ber çi neh meh û deh roj wî barî hildigirtin? Li aliyê din ku tu li dûv hev kuran bînî wî çaxî tu çiqas jî bi jinantiya xwe bipesinî têr nake...

Ji bo çi bapîrên me gotine "Heçî keç anî bila biponije, heçî kur anî bila bipesine."

Heke em bi zimanê hejmaran bipeyivin kurekî kêmaqilî debeng hêjayî çar keçikên jîrik bû. Lê beramberî kurekî jîr û bisihet; keç kom keç, kom keçik, kom keç, cara keç, beramberî sifir e. Li çar aliyê dinyayê û li Diyarbekir jî hê riyeke ku jin karibin kuran bînin nebû. Wekî din em vê jî bêjin, li ser ezmanê Diyarbekir Xwedayê ku di navbera Hirça Mezin û Hirça Piçûk de diçû û dihat planan li ser zamê diyên me jî çêdikir. Zaroka ku bihata dinyayê ji aliyê cinsiyeta xwe ve bi qîma wî çêdibû. Herçiqas di vê navê de ji bo alîkariyê Keşe Arsen jî bi zimanê xwe destê xwe li ber Xwedê vekira û bûbûwa zarefîzara wî bigota "Xwedêo, Rebiyo, gunehkaran efû bike û li rebenê jinan bê rehmê û bike ku kurikan bînin, tu keçan nedî wan, wan ji vê 'rûreşiyê' biparêzî! Lewre tu mezin î." Lê Xwedêt'ala berbayî van şelafiya nediket... Wî dîsa weke xwe dikir.

Himin li vêderê em li hizûra Xwedê ketin nav behsa rastbêjiyê divê bêzanîn ku li aliyê me kesek qîma xwe bi du sê zarokan nayîne. A ku jin be divê qet nebe heft heşt caran zikê xwe wek van zebeşên Diyarbekirê binepixîne û hilkişîne ber pozê xwe. Heke nebe wisa be ew zevî bêbereket e. Ji pêl zeviyê ew erdekî beyar î xalî ye. Himin wiha ye qîza ku biketa pazdan an çardehan an jî a ku berê xwe bida sêzdeyan diviyabû êdî destê xwe ji zarotiyê bikişanda û xwe berdaya nav paşela mêrekî.

Ma çi hawara vî karî bû? Ên ku bêjin hê gelek zû ye û di hijde saliya xwe de bizewicin bi awayekî din di mal de mabin divê vê gotina pêşiyên me weke van guharên ku ji destê zêrker Mînasê Qop derdikevin bi nermika guhên xwe yên pembe ve deynin:

"Ê zû rabe rê li ber e, ê zû mêr ke zêç li ber e."

De werin em ji vê bigerin...

Ev Keşe Arsenê ku jiyana wî hemû di navbera malê û dêrê de derbas dibe, ew keşeyê ku zarokên Kurdan gava diketin pey de jê re digotin "Keşîş, keşîş qûna te bi şîş" û ew jî bi gopalê xwe yê ji dara xêzeran dida ser wan, rebenê keşîşê ku ji xeynî riya wî ya spî ku keşetî mîna wî cibê lê yê reş timûdayîm wek sûncekî di stûwê wî de, belê ev Keşe Arsenê ku Încîla wî ya piçûk î berg sor a rismê xaçê li ser û her tim di berîka xwe de digerîne, hûn zanin bê li ser wê kitêbokê çi dinivîsand?

"Werin cem hev û hevdû zêde kin..." dinivîse.

Naxwe ev tişt ne îşê tinaza ye. Herkes divê bilezîne û çi ji desta bê bike...

Ji ber vê tirsa derengmayînê carna dibû ku di malekê de bûk û xesû, dê û qîz hemû bi hev re avîs diman, ne eyb û ne şerm! Ma şerma wê çi ye? Ma qey dibû mirov li ber qedera Xwedê rabûya? Wekî helbestvanê me yê Diyarbekirî Cahît Sitki Taranci jî gotî, jina di nîvê rê de bûbe xesû ango bûbe sîûpênc salî ma divê xwe bidaya kuncekî û destê xwe ji hemû tiştî bikişanda? Yekî ku hê neketibe bîst saliya xwe û neçûbe leşkeriyê lê bûbe bav, di çil saliya xwe de jî bûbe xwedî nevî çawa dibe ku dev ji mêrantiya xwe berde? Ên ku bersiveke erênî li vê pirsê vegerînin û bibêjin "Erê, bila dev ji van tiştan berde" wan mejiyê xwe xwarine.

Ma gunehê wî Kejoyê bêsiûd çibû ku rojek ji rojên Xwedê madê wî venebû, ne ew kenî ne kesî kenand? Çi kiribû vî rebenî? Li ser qewlê Încîla pîroz ku digot; "werin cem hev û hev zêdekin," wî jî rabû dawa zewacê kir. Ma gava yekî guh bida gotinên pîroz û bida ser riyekê wê xelata wî "rûreşanî" bûya? Ma ev bû edaleta Xwedê? Kejoyê ku dil nedikir ji Xaçxatûna jina xwe re bigota Gulê jî; ewê di şeş salan de şeş keçik anîn û mîna qipikekê li wan xweyîtî kir. Ma ku temenê wê gihîştibe çilî û yê mêrê wê bûbe çilûçar divê aş betal bikirana û xwe bidana aliyekî? Kejo hostê sewaxê bû ma dibû ku avahiyê nîvrê bihêle? Dibû?

Hûn bidin xatirê Xwedê û pêxember hema carekê xwe têxin şûna Kejo û bifirikîn! Hûn li Diyarbekrê dijîn û her sibe radibin diçin ser karê xwe yê sewaxiyê. Di rê de hûn rastî nas û dost û xizim û gelek însanan tên. Hûn ji hinekan re bi Ermenîkî dibêjin "Parîlûys" ji hinekan re jî bi Erebî dibêjin "selamûelêk." Êvarê jî di dagerê de dîsa hûn ji hinekan re bi Ermenîkî dibêjin "Parîrgûn" ji hinekan re bi Tirkî dibêjin "îyî akşamlar" û ji yê dinan re jî bi Kurdî dibêjin "Êvara te bi xêr" û hûn tevî zebeşê qerase yê li ser milê xwe diçin malê. Gava keçikên we mîna ristikên mircanên di stûwê bûkan de birêz werin pêşiya we ma hûnê nexwazin di nav wan de kurekî çav reş î bê derpê ku "mal li meydanê" be bibînin? Hûnê hertim ne bi hesreta dîtineke wiha bin? De em bêjin ê we ne xema we ye, ma Kejoyê hostê sewaxê! Berbayî we dikeve? Ka ji bo kêliyekê em bêjin Kejo ji bo we xwe li kerrîtiyê danayne lê îca çawa kare xwe ji zimanê Kurê Mama xelas bike ku her roj dikeve pey û dibêje. "Kejo, Kejo, qeda bi van tilî û pêçiyên mîn î bêkêr kevin ku ewqas ez şermezar kirim û hema carekê be jî ji wê bîrê min daşikekî nekişand!" Kurê Mama qet ji nav zamên dayikê me dernakeve, vêga jî bela xwe li Xaçxatûna Kejo daye! Heta ku kurekî, diyarî wan neke hedna wê nayê. Hûn dibên heta ku lawikekî bi destê xwe nede wan wê ji vê dinyayê here gelo? Ma bi qasî xîreta Xaçxatûnê, rûmeta Kurê Mama jî tune gelo? Îca çima her êvar neçe pêşiya Kejo û nebêje.

"Kejo, Kejo, hoste Kejo...Qene vê şevê baş biçîne. Qurbana çavê te."

Tevî hemû agahiyên teknîkî yên Kurê Mama, ku dîsa jî dirûna Kejo'y şeşemîn pûç derketa ango "rûreşanî" bûna kêdikaribû çi bike?

Ma çi ji destê jara Xaçxatûn dihat? Ewê tenê bi ya Kejo dikir qumanda di destê Kejo de bû... Ma sûcê neanîna lawika ê wê bû? Bigota razê feqîrê radiza bigota rabe radibû, bigota çi bi ya wî dikir... Ma îca tu qebahetê Kejo nebû an jî qisûra wî nebû?

Bi baweriya me, a rast bi baweriya Kurê Mama rastî ev bû:

"Berpirsê vê yekê Kejo ye... Lewre Xaçxatûn tenê zevî ye, lê yê ku zeviyê dajo û diçîne Kejo ye... Jina ku wek zeviyê ye tu çi lê biçînî tê wî rakî... Ma ku hûn ceh biçînin hûn karin jê genim hilînin?

Bi gotina kin tu çi biçînî tê wê biçinî..."

Demek dirêj bi şûn de li nav xelkê zimanê ku şikra êdî Kurê Mama jî hêviyên xwe qut kirine û bi qasî Kejo ew jî xwe sûcdar dibîne, geriya... Tew digotin ku Kejo bi dizî sê caran çûye ser Ava Heram. Ava Heram di strana "Haram Sudan atladım mantın kuşak bağladım. –Ji ser Ava Heram min qevaz da kembera Mantîn girê da–" de jî derbas dibe. Ava Heram li Diyarbekir li alê ku jê re dibêjin beden li derveyî bircên dîrokî di nav zeviya parêz, xas, pincar û darên tûwan de diherike. Tevî ku ji kunkên bajarê dîrokî'y kevn de diçe û bêhtir di lewite, piştî ku çerxê zengarî yê aşekî kevnare jî dizivirîne têra xwe westiyayî û jihevketî tevlî çemê Dijle dibe. Li gorî baweriya herêmê ku yek, bêyî têkeve gerînekan û nav çerxên aş karibe sê caran ji ser avê xwe biqevêze, wê Xwedê guh bidê û mirazê wî bi cî bîne.

Nebû.

Piştî bûyera Ava Heram kifş bû ku qedara Kejo bi hibra Çînî ya reş ku tucarî dernakeve hatiye nivîsîn. Eynî mîna wê şanika reş î ku ji hebûna wî de li ser eniya wî ye...

De werin bê çiv û alîgirî em berê xwe bidin rastiyeke din.

Em, Diyarbekirî nizanim çima lê hinekî zêde serêxwe ji xelkê diêşînin û pirr dipeyivin. Sedemê vê jî ji hewa wê ye. An jî ji ava qerisî ya Hamravatê ku ji Qerejdaxê tê, an jî em zêde bi xwe bawer in... A ji ber van sedeman gava em dibînin bingehê xaniyekî lê dibe, di cî de em berê xwe didin hoste û radibin wî:

"Hoste Bozo, min çavê te xwarî, tu hay jê hebî, bingeh asê deynî, nebî ku wek yê Kejo lê were..."

"Hoste Norabet, Xwedê ji te razî ka binêre bê ev kevirê te daniye ne mîna ê Kejo li hemana ye?"

Li alê me herçî dara ber nade ew Kejo bi xwe ye. Hema çi bigre nelihevî di çi de hebe ew Kejo ye. Diayê ku pîrejin li ciyê zavayekî piştî ewqas hazirî û 'tilîlîlî' dikin ev e.

"Xwedayo em di bextê te de ne ku ev cî jî nebe mîna ê Kejo."

Piştî ku Kure Mama dît Kejo bikêr nayê û tovê wî mîna van gûzên bêkakil pûç e, bêdil hêviyên xwe qut kirin û bi dilekî şikestî got: "Tu maniya ku ez êdî bijim nîn e." Çavên wê vekirî çû ser rehmetê.

Kurê Mama tevî hinek diayên ji Încîlê, hinek bixûr, du sê çilk baran, diayên Keşe Arsen û bi taybetî jî bi hêstirên jinên du nifşan ku wan da welidandin, hate veşartin. Êdî karê wê ma li ser milê jinebiyên pey şopa wê. Incax bi vî awayî Kurê Mama karibû rehet raza§ya. Ji bo çavên wê yên ku vekirî çûn jî çi ji destê wan hat kirin. Li gor zanîn û serbûriyên xwe rê nîşanî Xaçxatûnê dan.

"Qîzê mêrê xwe a wiha hembêz bike û bişidîne!"

"Keçê li ba mêrê xwe bi vî awayî raze!"

"Keçê nebî di nav nivînan de tu pişta xwe bidî mêrê xwe!"

Li aliyê me tu tixûbek ji nêzîkahiyê re nîn e ku tu bêjî vê bêje vê nebêje. Jixwe di hin babetan de qet sînor ji tişta re nîn e.

Em dev ji têkiliya nav xelkê berdin ku kî ji kê re kare çi bibêje an nebêje û werin ser mijara bingehîn; tişta ku Kurê Mama hew ji binî rabû û ew ma li ser milê jinebiyên din û em bipirsin: Dibe ku karekî Kejo çê nedibû û jina wî di her biharê de avis dima lê dîsa jî daşikekî nedianî û li vê xopana Diyarbekir jimara jinebiyan ji tayên riya Astûrê Kose zêdetir bûn, qet wê kes xwedî li vê sosretê derneketa? Wê kesî riyekê nedaya ber wan? Li vê Taxa Filla'y qerase ma qet pêşniyazeke esasî nebû?

Çawa nabe?

Wê rojê, li hewşa Dêra Sûrp Gîragos, Gilor Enne ango Enn'a Gilover, Ağgîk Xanim ango Xanima Bedew û Tzûr Peran Almast yanî Almasta Devxwar, ev jinebî, li hev civiyan û di ber bistikan de piştî nîqaşeke berfireh gihîştin biryareke dîrokî: Wê vê biharê Xaçxatûn kurekî bîne... Ji Xweda pê ve kes nikare ji vê re bibe manî. Ji bo ku Xwedayê mezin nebe manî jî ev rê dîtin.

Gilor Enne, xwe gêr kir. Ağgık Xanim xwe li hev bada û Tzûr Peran Almast jî devê xwe yê xwar hinekî li hev rast kir, dan dûv hev bi hezar hêviyan berê xwe dan jinebiyeke din Hent Ağavnî.

Hent Ağavnî, ango Ağavniya Dînik, asas dîngelekeke dera han bû. Pîreke ku nayê avayê, tûweke hişk bû... Lê qawîşa jinebiyan bêy ku berbayî terrbûn an hişkbûna tûwê kevin bi destê Ağavnî girtin û çûn mala Xaçxatûnê. Rika xwe danîbûn û fikrên wan jî maqûl dixuyan: "Piştî evqas ked ku ev kar pêk nehat û diayên hezar biaqilan bikêr nehatin, hebe nebe wê Xwedê guh bide diayên dînekê.

Xaçxatûn negot "Na."

Bi Ermenîkî negot "çe" û bi Kurdî jî negot "nabe" jixwe ma wê ji bo çi bigota! Berevajiyê vê tevî ku ev jin dev ji kar û barên xwe berdane hatine vir spasdarê wan e jî... Wê Xwedê van qenciyên wan bidîta û dilê wan her xweş bikira û ji xwe bi Ermenîkî ku bigota "çe, çemûzer," ango "na, naxwazim" ji xwe di nezera mêrê wê de jî guneh bû, şerm bû. Qey nedixwest kurikekî kutilkî deyne ser çoka delaliyê dilê xwe Kejo û bike ku ji nûve ew were ser rûwê erdê! Piştî şeş zarokên keçi piştî şeş terîş paç ma ne hêja bû ku yê heftemîn lawik bûya û wî weke xalîçeyeke îşê ecem li kuncikê serê malê raxista... Ax Xwedayo wê çi xweşiyek û dilgeşiyek bûna!.."

Ağavnî piştî Şerê Yekemîn ê Cîhanê di hezarûnehsedûpêncan de ji Tokatê hatibû Diyarbekrê. Ez nizamin Îngilîzî bû Fransî bû, digotin peve bi zimanekî jî zane. Kesî ku zêde dîtibe bi yekî ji van zimanan dipeyive jî nebû. Yên ku dîtibûn an bihîstibûn jixwe ji zû ve çûbûn bihuştê jî. Lê hemû kesî digot ku şikra zemanekî jineke biaqil û bikultur bûye. Di şer de mêrê xwe û kurê xwe winda dike. Rojekê li Taxa Filla li Himama Paşê gava serê xwe dişo, hema ji nişka ve dibe qîje wîja wê : "Ka şehê min, ka tasa min, ka mala min?" û xwe îpala tazî davêje derve. Çûyîn ew çûyîn. Mala hemû Ermeniyan weke mala wê bû. Bi hêsanî diçû malên hemû kesî bê destûr diçû kîlerê xwe têr dikir. Qedera wê jî weke a Kejo reş bû, bêbext bû...

Em yên biaqil zêde nizanin lê herçî dîn baş bi îşê xwe dizanin... Ji bo wan wext pirr girîng e. Ağavnî jî zûka fêm kir bê ji bo çi ew anîne wirê û di cî de dest bi kar kir.

Qawîta (malez) ku Xaçxatûn têrdimsî çêkiribû bilez xwar. Û xwe têr kir paşî bi ser de jî bestêq û kakilê gûza xwar, karê wê hate bîra wê kêfa Ağavnî li cî bû. Pirr kêfxweş bû ku wê karekî mezin pêk bîne. Ew roj roja wê bû. Bi diayên wê, wê leka reş î li ser eniya Kejo biheşife û zamê Xaçxatûn rûspî bibe.

Jinebiyên bihelebesk ku îşareta Ağavnî girtin, bêhna wan fireh bû. Îşareta Ağavanî ya pêşî; çavên xwe girtin, tenê biqasî ku ew bixwe bibhîze bi dengekî kêm bû piste pista wê ku ew bi xwe jî tênedigihîşt çi dibêje. Destên xwe yên bihêrs û lewitî danî ser serê Xaçxatûn û bideng û helwesteke cidî gote jinebiyan:

"Pîvazekê bînin!"

Gilor Enne bi bazdan, a rast wek gokekê li hev gindirî çû kîlerê seriyek pîvazê hişk ku weke wê gilover bû anî û da destê Ağavnî. Ağavnî pîvazê hilda, piştî ku sê caran ew bêhn kir bi dengekî bilind got:

"Kêrekê bînin!"

Vê neqlê jî Ağgik Xanim weke hercar xwe li hev bada û çû mitbexa li hewşê. kêr peyde nekir li şûna wê satorekê, bitirs da destê Ağavnî.

"Pariyek jî nan bînin!"

Dora Tzûr Peran Almast bû.

Wê jî bilez bazda kîlerê û ji teşta nan rahişt perçek nan, bi lêvên xwe yên xwar sê caran pariyê nên maçî kir û bir ser eniya xwe û bilez da destê Ağavnî. Ağavnî gepa nan di nav destê xwe de bir û anî, gezekê jê xwar ê mayî jî bihêrs virvirand hewşê û da qîja:

"Ev nan nabe! Ez nanê kartî dixwazim!'

Perçê nanê ku Ağavnî avêt, kete nav cihuka tilimpê û têr jê av vexwar lê, Tzûr Peran Almast zahf bi vê kirina Ağavnî aciz bû ji ber ku digot êdî guneh e û min nebawere ku ev

27

dia bên qebûl kirin lê dîsa jî deng nekir.

Ağavnî serê xwe ji xêr û guneha nediêşand. Wê tiştên di serê wê de derbas dibûn di cî de dikir ferman. Qawîşa jinebiyan tev bi hev re ketin kîlerê, qul û qawêrên wê tevî li hevdan lê dîsa jî piçek nanê kartû nedîtin. Xaçxatûna ku bêdeng li ber Ağavnî çok dabû, bi dengekî kêm û şermezar got: "Li koxê binêrin, li koxê!" Jinik bilez ji neçarî çûn nav koxê. Dîkê ku dît sê jinebî li mirîşkên di koxa wî de zêde bûn ji kêfa azan da. Tûtik ji kêfxweşiya dîk aciz bûn lê ji bo rû jê badin bêdeng man. Jinebiyên ku haya wan ji van tiştan nebûn bi helepitk, ji bo pariyek nanê kartî û hişk, ser û binê koxê li hev xistin. Dawiya bi dawî gepekê rayî kirin.

Hê daxwazên Ağavnî xelas nebûbûn. Lê sebr li ber dilê jinikan nemabû. Dereng bûna jî têgihîştibûn karê bi dînan re zor e. Lê êdî tiştek ji destê wan nedihat. Carekê dabûn ser rê êdî veger nebû. A rast berî çav bi çem kevin daw û delingên xwe dabûn hev lê, di nîvê çêm de jî nikaribûn hespê xwe biguherînin. Lewre dilê wan bi Xaçxatûnê dişewitî. Wî, mîna berxê ber kêrê li ber Ağavnî çok dabû û xwe li hêviya diayên wê hiştibû. Belê ji bo rebena Xaçxatûn bûna jî, wê bi vê dînikê re derbas bikirina. Ev hêja bû...

"Gemçek xwê jî bînin!"

Jinebî bi hêviya ku ewê ev daxwaza wê ya dawî be çûn kîlerê ji qetremîzê kesk gemçek xwêya gir hilanîn.

"Zû agir dadin!"

Vêxistina agir û vêga? Na na ev jinik êdî bi rastî jî dîn bûbû... Vêga li vê aziyê çi îcab dikir, agir pêxin? Û agir jî hema çawa yek bêje nayê dadan... ji bo komir agir bigre divê tu bi lûlikekê misêwa piv bikî êgir. Heke di nava maqerê de sotikekî nevemirî hebe siûda we heye; naxwe divê misêwa tu pê ve bî.

Agir vêxistin... Ağavnî dînikek bû lê ne bi qasî ku agir bi desta bigre.

Dawî li daxwaziyan hatibû dor hatibû ser beşa duwemîn berbûriyê.

Bela Ağavnî çep bû, satora di destê xwe yê çepê de ji nişka ve bi derbekê li pîvazê da di nîvî re kire du qeşt. Jinebî hinekî matmayî hebekî jî bi tirs li hevûdu dinihêrtin. Ne weke ku dipan lê Ağavnê hêdîka satora di destê xwe de bir û avêt binê bîra avê. Jinebî bi ber satorê ketin ku wê hew ser rûwê erdê bibîne û şikir kirin ku ji destê vê dîna bi sator bê zirar filitîn. Ağavnî xwê û nan xist destê xwe yê çepê baş zevt kir û destê rastê jî danî ser serê Xaçxatûn û dest bi diaya xwe ya bê dawî kir. Kes têkilî dia wê ya dûvedirêj nebû. Gava ku Ağavnî çavên xwe yên girtî vekirin kifş bû, ku dia xelas bûye xelasiya dia wê dişibiya ayîna Keşe Arsen ya rojê Yekşemê Ağavnî bi tiliyên îşaretê û serî yê destê xwe li hewayê şiklê îstavrozê çêdikir û li aliyê din jî li hewşê diçû û dihat digot: "Ez we dispêrim Xwedê" û çû ber sotikên di maqerê de çavên xwe kwîr kir û biqasî demekê ji ser sotikan neneqand. Jinik li bendî wê bûn ku wê kengî û çawa vê merasîmê biqedîne. Gava êdî hêdî hêdî reş diket erdê Ağavnî xwêya di destê xwe de sê caran li dora serê Xaçxatûnê gerand û avête nav agir. Bû qije qija libên xwêya gir di nav êgir de. Diaya Ağavnî tevî qijeqija xwê bû:

"Bila ya xerab here, ya baş were."
"Bila ya xerab here, ya baş were."
"Bila ya xerab here, ya baş were."

Gava deng ji qije qija xwêya agir birî, Ağavnî ji nanê kartî her yekê gepekê da jinebiyan. Ev belavkirina nan ji roja ayînên yekşeme yên ku Keşe Arsen piştî helalbûna ji gunehan nanê pîroz li tobedaran belav dikir, anî bîra mirov. Her çawa ku li dêrê bi vê yekê merasîm diqediya naxwe li virê jî divê biqediya. Her kesê ku Ermenî be bi hêsanî ji vê têdigihê.

Xaçxatûn ji cihê ku qulûsk dabû rabû piya... Gilor Enne, Ağgik Xanim û Tzûr Peran Almas gotina Ağavnî ya dawî dubare kirin: "Bila ya xerab here, ya baş were."

Yê xerab neçû û ê baş jî nehat. Di biharê de Xaçxatûn zaroka xwe ya heftemîn jî keç anî. Kejo tu caran hay ji van kirinan nebû.

Ez nizanim li Diyarbekira me Xwedêtala çi di guhê Kejo

de gotibû ku gava keça wî çêbû ji xwe re got; "Ev kar li virê diqede" û navê wê kir Ağavnî. Bi Ermenîkî Ağavnî, kevok e.

LI ŞÎŞLIYÊ BARAN

Li bin wê barana himbiz î ku te digot qey ezman qul bûye gava me diya min tevî diayên Keşe Movses ber bi dinya wî alî de verê kir, min hê jî digot qey wê rojekê diya min vegere were. Lê nebû. Venegerî. Bi qasî niviştekê jî kaxezek nenivîsand û neşand. Jixwe bixwesta jî nikaribû binivîsanda rebenê, wê û xwendin û nivîsandin çi fêm dikirin ji hev?

Dayika min yeke gundî bû. Bela ku dibistan li dora wan tunebûne wê jî nikaribûye bixwîne. Lê li gorî xwe dîsa jî hînî tiştên bikêr bûbûn. Mesela karibû hevîr pirr baş bistirê. Piştî ku hevîrê xwe dikir, vêca vî hevîrî dixist nav teşteke sifir û potekî stûr pê dadikir ku tirş bibe. Lê berî vê, dihanî li ser hevîr bi tiliya destê xwe yê rastê şiklê xaçê çêdikir û digot: "Bereketa Brahîm Xelîl li ser te be."

Hûn BrahîmXelîl nas dikin gelo? Min bixwe cara yekem wî di nav teşta hevîr de nas kir. Paşî jî li derdora masa me ya xwarinê.

Bila kes şaş fêm neke ji masê mebesta min beroşa sifir î mezin ya ku me datanî ser sêniyekê ye. Qûşxane heta bi dev tije bû şorbenîsk. Em, tevî kalikê min, pîra min, bavê min, diya min û xwişk û birayên min, me dor li sêniyê digirt û di destên me de kevçiyên darî me xwe zer dikir ser şorbenîska germ. Kevçî li dûv kevçiyê heta ji me bihata... Gava Brahîm Xelîl tevî bereketa xwe bi vî şikî dikete nav şorbê û du serî pîvazên hişk û nanê tenûrê êdî nema karibû ji destê me xelas bibe, em difilitin serê. Dema me xwarinê dixwar çitîn ji kesî dernediket ji xwe yê bixwesta mijûl bûna wê birçî bimaya. Wekî din jî me zanibû ku li ser xwarinê gune ye mirov xeber bide.

Bi awayekî din jî me Brahîm Xelîl di nav libên genim de naskir. Gava piştiyên telîsên genim dikişiyan mala me ez û xwişk û birayên xwe ango tabûra xwişk û bira, me dida ser riya malên cîranan û her yek ji me bi dengekî me gazî wan dikir:

"Xwişka Hiçê, me zad kiriye, werin alî me em bibijêrin."
"Xwişka Senem diya min dibêje bila bê zebarê."
"Xwişka Sarîk beroş û sîniyên xwe yên mezin bavêjin ser pişta xwe bazdin werin alî me!"

Xwişk û mişk hemû dihatin ku alî me bikin. Yên ku sîniyên wan ên mezin hebûna bi xwe re dianîn. Tev de li dora wan sîniyan yê ku ji qulûska yê ku çarmêrgî vedida wek zibarê zad dibijartin. Genim didan aliyekî xîçik û zixûrka davêtin aliyê din.

Brahîm Xelîl yeko yeko, libo libo, ji nav keviran dihate bijartin li kêlekekê kom dibû. Ku dibû êvar xwişk tevde xwe didan hev beroş û teşt û sênîkên xwe li pişta xwe dikirin tevî vê diayê didan ser riyên malên xwe.

"Genimê te ji yê baş derket Xanimê, bi xêrûxweşî bixwin Xwedê bikim bereketa Brahîm Xelîl jê kêm nebe." Wekî ku hûn jî dizanin ji bo ku genim bi bereket be divê mirov bibe ser aş bide hêrandin da bibe arvan (ard). Gava wextê wê dihat me vê jî dikir. Jixwe haya Qeraşê Kurd Ûso ji hemû tiştî hebû. Zanibû bê kê ji kuderê, bi çiqasî û çiqas genim kiriye û kîjan xwişkê genimê kê kengî di çend rojan de ji hev bijartiye û ew genim ji yê baş e an xerab e. Kesî nizanibû van tiştan ji kê û kengî hîn dibe. A rast ev şixulê wî bû, nedibû ji kesî re bêje. Qeraşê porspî yê salan vê jî nizanibûna wê çi zanibûna feqîro. Herwiha wî ew por hemû ne li aş li Taxa Filla spî kiribû.

Biryarên karê aş û ard di serî de tev de Ûso dida. Xwişk tevde wê karê hêrandina zadê xwe bikirana teva bixistana telîsan û bispêrtana Ûso. Ev jî tu caran dereng nedima di eynî rojê de te hew dî Ûso li ber derî da der. Ûsoyê min û we van telîsên qerase bi dorê yeko yeko li pişta hêstira xwe ya spî ku êdî bi qasî wî pîr dihat, bikira; bi werîsekî hêstir û telîsan bi hev de hişko girokê asê bikira û berê xwe bida riya êş. Berî ew bide rê wê dayikan bi dû de gazî bikirana:

"Ûso zû bîne ha!"

Zahftir li xweşa wî diçû ku te pê re bi zimanê wî xeber dida. Ji wê yekê diya min bi Kurmancî digotê zû bîne. Ûso zû bi zû poz bi gotinên wisa nedida, weke xwe dikir. Lê ku kêfa wî li cî bûna, hêstira wî neherimiya guh dida şîretên wî yên Kurmancî û kaya ku jê re xistibû cuharê ber devê wî ecibandibe xwaribe, zîtika jî neavêtibe ango heywanî nekiribe wek însana bûbe, wê Ûso jî serê xwe di ber xwe de bihejanda bigota :

"Herê, herê!"

Min û heft xwişk û birayên xwe meyê bida dûv Ûso.

Ûso wê ji du gavan carekê serê şiva xwe ya tûj biniçikanda hêstirê.

"Deh miratê deh!"

Xire xir bi hêstira reben diket di bin wî barê ku bi bereketa Brahîm Xelîl bêhtir giran bûbû. Dîsa jî ne berbayî mêşên keran yên ku bi kêleka çavên wî ve zeliqî bûn diket ne jî guh dida dehe deha Ûso, rast bi hevraz ve hildikişî.

Berbûriyên Ûso ango ez û xwişk û birayên xwe, em heta ber devê kaniya ku Cîrcîsê Dermanfiroş yê Keldanî û mêrê xwişka Arşalûys ku bi xêra serê wê jê re çêkiribû diçûn.

Gava em digihîştin ber devê kaniyê Ûso bi qîrîn dikir ku deng here hêstira kerr digot "Şooo!" Bi zimanê hêstirê "şooo" yanî "bisekine!." Hêstir ji zimanê xwe têdigihîşt guhên xwe yên dirêj dilebitand, bi xebera Ûso dikir û disekinî. Lê dengê şooo'yê bi Ûso du maniyên wê hebûn. A yekemîn tevî fîkîneke gazî dikir. Hêstir pê diçû ser afirê, çawa ku hêstir dengê fîkînê bikira wê serê xwe yê qerase dirêjî ser avê bikira. Piştî du sê caran bêhn bikira wê hê jê vexwara. Dikir nedikir jê têr venedixwar. Min kes nedî karibe bi qasî hêstira Ûso avê vexwe. We dîtiye gelo? Gava cara duwemîn Ûso bigota şooo! diviya ku êdî em û zarokan ji dûv wan biqetiyana.

Emê vegeriyana.

Du roj bi şûn de Brahîm Xelîl bi şiklekî nû dibû mêvanê kîlerên me. Di bin kevirê gir î spî yê giran î aşê Ûso de hatiye hêrandin, porê xwe yê spî şeh kiriye, bûye ard, hinekî jî li xwe zêde kiriye û hatiye ketiye nava dîzikên li kîlerê, bi hesret li hêviya roja yekşemê ye ku here hembêza nanê pîroz yê Keşe Arsen.

Xwedêteala wî ji serê me kêm neke, Brahîm Xelîl tu car ji nav mal û kîlerên me dûr nediket.

Tevî vê yekê li aliyê din ew dibû bereket û xwe berdida nav malzarokên diyên me jî. Ma kî ji me kare ji bîr bike ku her yek ji me bi xwe li ber bereketa wî rabûye!..

Her sala ku yek ji me li xwişk û birayên xwe zêde dibû wê pîrika min bazda kîlerê du kulm ji Brahîm Xelîl biavêta nav tawê û bida ser êgir.

Wê ard di rûn de baş biqelanda tasek av jî rûkira ser û av û ard li hev bipirpişiya heta ku ji tawê bifûriya. Pîrika min carna jî qawîtê dipijand. Qawît nêzîkî pijandinê peq peqok bi ser diket dibû pit pita wê. Ku pite pit pê diket divê êdî ji ser agir bihata hilandin. Vêca dor dihate rûnê nivîşk û dimsê ku qenc li serê bihata rûkirin.

Em bi kêf difilitîn ser Brahîm Xelîlê ku ketibû şiklê qawîtê. Birakê me yê nû beredayî bi qaje waj xwe bi dengê kevçiyên me re diwestand.

Lê êdî me jiber kiribû, me zanibû ku saleke din ew jî wê tevî kevçiyên qawîtê bibe û mîna me û vêga guh nede qaje waja birayê me yê nû yê ku wê were.

Ez nizanim çawa çêbû bi çi awayî bû min hew dît ku em hatin "bajarê mezin û baş" Stenbolê.

Ez nizanim çawa pêkanî lê diya min di nav libikên birinc, genim, nîsk, hûrik, nok, savar û fasûliyan de bereketa Brahîm Xelîl jî bi xwe re anî Stenbolê. Ji wê we ye ku anîbû. Lê mixabin na....

Brahîm Xelîlê me yê Enedolî hînî mala me ya kefikî nebûbû. Brahîm Xelîlê ku qetremîzên qerase yên li kîleran têra wî nedikirin çawa karibû bi qewanozên plastîk debar bike? Hewe karibû bidebiranda?

Nema. Rabû bar kir ji mala me ya nû.

Piştî wê diya min beredayî xwe bi qawîtê re westand. Êdî tama pasta ji qawîta me dihat. Gava ku qawîta Brahîm Xelîl a bi dims û nivîşk tama pasta û çiqolata jê hat ev pê ne xweş bû. Hew li ber xwe da, nekarî bijî û dawî jî mir.

Min Brahîm Xelîl cara dawî li Şîşlî li ser mezelkên Ermeniyan dît. Heyla min çavê Brahîm Xelîlê Diyarbekirî xwarî, çawa bûbû baran û tabûta diya min dişûşt.

Dema Brahîm Xelîl bi temamê bereketa xwe tabûta diya min dişûşt fikrên wî jî tevî diayên Keşe Moves li hewayê dibûn pirs û belav dibûn."

"Zo* jinê, ma ev roja mirinê bû!?"

---

* Zo; bi ermenîkî di wateya "lê" de tê bikaranîn. (–n.w.)

"XWEZÎ BI WAN KESAN KU LI VÊ DINYAYÊ JAR IN"

Te digot qey rojeke ne ji xêrê re bû wê sibehê li Diyarbekirê. Nizanim bê çawa bû! Di serî de ji bo min rojeke ji herrojan bû. Rojeke ji wan rojên payîzê yên hergavî. Min hê nû çavên xwe ji xewê vekiribûn û hê nû dest bi kolandina pozê xwe kiribû. Ji aliyekî ve bi tiliya xwe ya şehadetê min pozê xwe dikola ji aliyê din ve jî li cihê ez lê dirêjkirî min kutekên li ber kêranên xanî dijmartin: "Bir, iki, üç, dört, beş, altı..."

Piştî ku min jimartina bi Tirkî xelas kir vêca min dest bi ya Ermenîkî kir: "Merg, yerg, yerek, çors, hînk, vetz..."

Barê mala me û banê me tev de li ser van kutekên westiyayî û riziyayî bûn.

Nizanim ji ber çi ye lê bela ku ez bi vî halê xwe yê jihevketî nebûm piştek ji wan kutêkên di bin xaniyê me yê xwelî de, ez tim xwe gunehkar dibînim.

Ez nizanim bê çawa û çima baweriya min bi wan kutekên cih bi cih terk li wan ketî, xwaro maro, şerpeze û belengaz ku di şerê jiyanê de li hember kurmê darê têkçûbûn nemabû. Ez ditirsiyam. Ev tirsa di dilê min de roj bi roj cihê xwe bi bêgiramiyê diguhast. Min şerm dikir. Ew jî te digot qey bi van hestên min dihisin, bêhnteng, xwaro maro û bi awirne şaş li min dinihêrtin henekên xwe bi min dikirin.

Di nav ciyan de dirêjkirî bi kêf carekê jî minê bir kurmancî bijmêrta: "Yek, du, sê, çar, pênc, şeş..."

"Çar" Dema çav bi kutekê çaremîn diketim sawekê ez digirtim. Ji wanên din pîrtir û xûztir bû. Ez dibêm qey giraniya ban ji vayên din bêhtir li ser pişta wî bû. Bêhna wî di ber de diçikiya. Bi taybetî jî di şevên zivistanê sar de gava banê me di bin berfê de winda dibû ez bi helke helka bêhna wî dihisiyam, dilê min pê dişewitî. Her çiqas "çar"a bi kurmancî di Ermenîkî de bihata maniya "çare, dermanê derdan" jî dîsa jî çar ne çar bû. Lê divê mirov xwe ji xwedê neke kutekekî baş bû.

Pênc û şeş yanî kutekên pêncemîn û şeşemîn jixwe cêwik bûn. Xwişk û bira bûn ji hevdû re. Yek nîvê yê din bû. Kutekekî di nîvî de kiribûn qet navê yekî kiribûn pênc ê din danîbûn şeş. Gava te xaniyê xwe avakir û ban lêkir heke kutekên te kêm bin ma tê çi bikî, rûnêy bigirî? An tê bikenî? Em ferzkin tu bi xwe keniyayî, wê der û dor bêjin te çi? Tu dibêjî wê nebêjin: "Wax wax wax! Feqîro, dikir ku ban ji xwe re lê ke lê kutekên wî li hev derneketin."

"Yek jê kêm ma!"

"Kutekekî wî kêm e, banê wî nîvco ma."

"Heyfê!"

"Êra we hay jê heye xaniyê Sikê nîvrê maye."

A baş ew e ku kurtebirr mirov kutekekî bike du qet nav li yekî deyne pênc li yê din deyne şeş û bide binê ban bêyî ku riswa bibe û ji zimanê xelkê bifilite.

Jixwe kutekên me yên pêncemîn û şeşemîn ji yên din qayîmtir û ciwantir bûn lê dîsa jî ji wan ditirsiyam. Ditirsiyam çimkî bangeranê me pirr giran bû. Min di jiyana xwe de kevir wek vî yê me yê bangeran giran nedîtibû. Ez dibêm qey kevirê aşê Ûsoyê Qeraş jî ew çend ne giran bû. Tişta herî xerab ku ew kevir hertim li ser bên bû û li wê derê dima. Kesî nedikarî wî ji ciyê wî bilebitanda. Min zanibû şerekî ecêb di navbera kutekan û wî kevirî de li dar bû. Min zanibû ku wê dawiya dawî bangeranê me ji vî şerî serfiraz derê, ew kevirê dilkevir...

Min zanibû, wek navê xwe min pê zanibû ku rojekê him jî rojek ji rojên zivistanê dema berfê bi ser bangeran de jî girtî tam wê gavê wê kutekên me têk herin û bangeran wê tam bi ser min de, belê wê tam bi ser nîvê serê min de biketa.

Ez aciz dibûm, kela min radibû, rihê min ji wî bangeranî diçû. Çiqas ku kela min ji bangeran dihat bêhtir dilê min bi kutekên me dişewitî. Dilê min bi diya min, bavê min, xwişk û birayên min û kalikê min Mestan jî diêşiya. Gelo ev kutekên me çima wisa nîvco, jihevketî, xwaro maro, terikî û ziravik bûn? Çima? Ma qey feqîr bûn gelo?

Wisa be em çima feqîr bûn? Erê, erê wisa zêde pere mere li dor me nebûn. Heke tu dewlemend bî divê dîrekên bin banên we stûr û qewî bin û gelek bin. Ne ku gava tu bijmêrî yek, du, sê, çar, pênc, şeş hema biqedin divê tu pê de herî "heft, heşt, neh, deh" îcar jî on, onbîr, onîkî, onuç... bijmêrî heta ji te bê... wî çaxî tu ji bangeran jî natirsî. Gava çav bi te bikevin wê ew ji te bitirsin. Wê ji tirsa li qulekê bigerin ku xwe tê de veşêrin... Li malê dewlemendan ne qul di dîwarên wan de hene ne jî xaniyên wan ji kerpîça ne. Wisa be çima dîwarên xaniyên me wiha qulo bexşo ne? Ev qul heta bi dev tije dûpişk bûn. Derziyê dûpişka pirr tûjin ku bi yekî vedidin di cî de zikê wan diwerime û dimirin. Zarokên dewlemenda jî dimirin gelo? Erê, ew jî dimirin lê dereng dimirin. Ên ku dia bikin zû namirin zahf dijîn, ji Xwedê çi bixwazin bi wan dide, çi bixwazin...

Ez hê şeş salî bûm. Zû ji xew rabûbûm. Karekî ku bikim jî nebû. Ez jî bi Xwedê re diaxivim.

"Xwedêyo, ji wî bangeranî re bêje bila êdî dev ji mala me berde!"

"Xwedêyo, bêje kutekan bila neşikên."

"Xwedêyo, bêje wan maran bila newin mala me!"

"Nan bide me!"

"Tirî bide me, mewîjan bide me, bastêqan bide, gûza jî bide!"

Dawî li daxwazên min nedihat. Çiqas min dixwest zahftir dilê min diçû tiştan. Ev cara yekemîn bû min wisa xwe nêzîkî Xwedê didît. Ev hêza mezin wê hemû daxwazên min bi cî bianiya.

"Tûwên hişk bide me! Hêka bide!"
"Şîr bide! Hingiv jî bide! Şekir jî behîvan jî bide!"
"Zebeş û petêxan jî dixwazim!"
"Vizikekê jî bide min!"

Min hêviyên xwe bi rêz kirin dema dor hate daxwazên min xwişka min î piçûk bi girî ji xew rabû. Diya min bi dengê Xwişka min ji nav ciyên li erdê rabû çû fitîla lemba gazê piçekî hilda jor. Bi navekî din "lemba debarê." Şewqa roniyê weke hêlekaneke ji potikan ya vezilandî li navbera herdû dîwaran. Diya min xwişka min da hembêza xwe çû ser ciyê xwe rûnişt, çiçikên xwe deranî yek jê bi kotek dahf da devê wê. Deng jê birî. Di vê navê de axaftina min î bi Xwedê re qut bûbû.

Li odê em sê kes bûn; ez û diya xwe û xwişka min. Bavê min ne li malê bû. Bavê min salê sê çar caran diçû gund û navçeyên derdora Diyerbekir xebatê. Wê diranên gundiyan hilkira li şûnê ji wan re taxim daniya an jî diranên zêr çêkira. Gundî bi taybetî jî keçik û xort pirr ji diranên pêşî hezdikirin ku li şûna wan ên zêr danîna. Wê bi kurmancî ji bavê min re bigotana "Diranê me zêr çêke."

Jixwe bavê min ne diranker bû. Neçûbû tu dibistan mibistana jî. Li cem dixtorê diranan Mahmûd Beg sê çar salan şagirî kiribû. Paşî jî xwe bi xwe dîplome dabû xwe. Gund bi gund digeriya û karê xwe dikir. Navê wî Eliyê Diranker bû. Navê wî yê rast Sarkîs bû lê nizanim gundiyan çima ev nav lê kiribûn, wê demê hê şeş salî bûm. Min nikaribû serê xwe bi navê bavê xwe bieşanda wî çaxî li gor xwe derdên min î girîngtir hebûn. Qet nebe kapekî min jî tunebû ku bi hevalên xwe re bi kapê bileyîzim. Hişê min çûbû ser peydakiran fîştoqekê. Minê darçuqilk û lastîkekê ji kû ji xwe re peyda bikira. Bi rastî eyb bû jî ku mirov hemû tiştî ji Xwedê bixwesta. Her cara bavê min biçûya gund xemekê xwe li dilê min vedigirt û bêhedan li hêviya vegera wî dimam. Çimki min zanibû her cara ji gundan vegeriya bi xwe re; bastêq, gûz, mewîj û givîjan ji min re dianî.

Erê, ezê bi dilekî germ li benda vegera wî bimama... Gava bihata devê derî wê ji hespê xwe peya bûbûya pêşî ezê bidama ber dilê xwe maç bikirama paşî jî wê min li hespê xwe siwar bikira. Minê tirsa dilê xwe ku ezê ji hespê biketama nedaya der bi hevsarê hespê bigirta û piyê xwe li binê zikê wê bixista ku bilezîne:

"Ço, ço, de mîrato ço."

Wê hesp bimeşiya minê jî li kuça me li ber çavên hevalên xwe forsa xwe bikira. Wê wan jî li min temaşe bikirana. Wê bixwestana lê siwar bibin xwe bavîtana min. Lê minê nehişta Vanesê kurê Xalê Pîlo ku vizika min şikandibû lê siwar bibe.

Ez hê di nav xeyalan de, diya min Xwişka min têr kir. Ji bo razê dîsa wê xiste hêlekana wê û ji bo zû jî di xew ve here benikê hêlekanê bir û anî. Di ber de jî dilorand.

"E, e, e, e."

"Ey, ey, ey, ey."

Pisîka malê Mestan ji dengê diya min aciz bû. Ji ba soba vemirî rabû ser xwe carekê li çepê carekê li rastê nihêrt çavê xwe li cihekî rehettir û bêdeng gerand, bawîşkek hatê, gewdê xwe li ser napên xwe yên pêş û paş weke kevanekî veziland stûwê xwe hinekî bi pêş de dirêj kir pişt re jî ber bi dikê ve çû xwe di navbera mînder û balgiyekî de kir gilok û çavên xwe miç kirin.

"E, e, e, e."

"Ey, ey, ey, ey."

Ji nişka ve xire xira dengê cîranê me xalê Tûmas tevlî eye eyên diya min bû.

"Xanim, Xanim, keçê Xanimê!" Xalê Tûmas ji hewşa xwe dikir qîrîn:

"Xanimê, lawo, keçê, Xanimê!"

Diya min bi ser neket bê çima Xalê Tûmas di koremija vê sibê de gazî wê dike. Dev ji lorandinê berda, bilez dest li ser dila bazda derve. Xwişka min bi çûna diya min pingurî û ji ciyê lê mabû giriyê xwe domand. Ji me tevan dîsa Mestan ji dengê xwişka min a mîna çirçirka aciz bû. Ji cihê xwe, xwe qulûs kir, rabû, bi napên xwe serûguhê xwe da hev, pora xwe şeh kir, simbêlên xwe li hev rast kir mîna ku hemberiya xwişka min bike sê caran kir nawe naw. Dû re jî ji bo xwe têr bike çû derve. Dema Mestan derdiket, diya min wek har û dîna lê qelibî kete hundir. Ez şaş bûm Mestan di wê navê de pihînekê jî xwar. Ez li ser ciyê xwe destekî min li ser navika min, min lîstika xwe didomand, kutek ji aliyekî de dijimartin.

"Bir, iki, üç..."

Li derve çi diqewimî? Xalê Tûmas çima dikir qaje waj. Ev çi helepitka diya min bû û dilezand? Qet ne xema min bû? Lê ez nikarim bêjim ne xema diya min bû jî. Zûka xwişka min hilgirt bi piyekî xwe jî ez niçikandim û qîriya.

"Rabe! Rabe! Xanî bi ser me de tê xwarê!"

Min tu tiştî ji vê gotina diya xwe ya ji nişka ve fêm nekiribû. Lê xuya bû ne wextê wê hebû û ne jî dikaribû dûvedirêj meselê ji min re bêje. Lez û beza wê bû û xuyabû ditirsiya. Gava dît ez nalezînim, bibizd bi milê min girt û ez kişkişandim. Xwişka min bi hembêza xwe ve dewisand ez jî ji milê min zevt kirim û em deranîn hewşê.

Li derve şev hê wernegeriyabû. Di wê mijmoranê de çavê min bi Xalê Tûmas, jina wî xwişka Estiğik, cîranên me yên din Xalê Dîkran û jina xwe xwişka Bayzar ketin. Herê ev çi xirecir bû ez tê nedigihîştim? Cîranên me yên din Xalê Estedûr û jina wî xwişka Veto, Xalê Keya û jina wî, xwişka Meyrê, Zêrînger Xaço û jina wî xwişka Verjîn çima hemû li hewşa me civiyabûn? Û di vê sibeha payîzê de ev çi nifir û çêr bûn? Li kê dibûn? Li kê?

Xwişka min danîbûn ser çoka Pîra Eğso. Min bi destê xwişka Verjîn girtibû û bi çavên vala li mala me yî bi yek menzelî dinihêrt. Herçiqas hinekî gêjik bixuyam jî di vê navê de ez têgihiştim ku wê xaniyê me hilweşe. Jixwe diya min jî gotibû. Lê bi rastî êdî iş di ser henekan re avêtibû. Banê me hildiweşiya; weke ku min di nav cihê xwe de xeyal dikir tişta ez jê tirsiyam dihate serê me. Lê dîsa jî kêfxweş bûm çimkî ez li hewşê bûm û ew kevirê nebixêr yê bangeran wê bi ser serê min de neketaya êdî. Mala me banê me wê hilweşaya; bi dengekî ji xwe bawer hostê dîwaran Xalê Tûmas ev digot:

"Çawa dengê qirçîniyê hate min, ez ji nav ciya petikîm, min got bi Xwedê wê ev mal hilweşe. Qet çareyek jê re nîn e."

Pişt re jî xwe bi ser guhê Dîkro ve xwar kir û bi pistînî: "Dîna te lê ye Dîkro, jê re nema ku bi ser hevde hêla bibe." Xalê Tûmas bi pêçiyên xwe yên stûr kutekê ku digotê baxdadî nîşanî Dîkro dida. Kutekê ku nîşan da dikir ji nav xaniyên me yê kerpîç bazda derve. Tew min vî kutekê belengaz nas jî nedikir. Li gorî ku min ji Xalê Tûmas bihîst xwedêgiravî barê vî kutekî ji wan ên hundir bi gelekî zêdetir bûye. Lê vî kutekî bi yên din re xayîntî kiribû.

Diya min bilez çend carên din jî çû hundirê vî xaniyê me yê li ber hemana. Cara pêşî ku hat ciyê me yê li erdê raxistî dabû ser milê xwe û anî. Cara duduwan sêniya me ya sifir, beroş û teşta me deranî. Li aliyê din Xalê Dîkro û Zêrker Xaço bi kotek sindirûka diya min î ji dara gûzê deranîn. Dewlemendiya mala me hemû di wê sindirûka cihêza de bû. Diya min mifta wê ya mezin li derna vedişart, ji ber ku min bela xwe ji şekirên mêvanan venedikir. Wê jî miftê ji ber min vedişart. Ez li ser wan şekirên di kaxezên rengo rengo de pêçayî yên ji Stenbolê dimirim.

Gava dor hate ser xelaskirina merşik, lembe û balgiyên me diya min xwe zer kir ku here hundir lê Tûmas bi destên xwe ew bi paş ve kişand û got:

"Na, na Xanimê lawo, xanî dike hilweşe êdî neçe hundir."

Ji xeynî ku diya min bi xebera Xalê Tûmas bike tiştekî din ji destê wê nedihat. Di wê sibeha payîzê ya nebixêr de, li bin wê barana xwîsî, kutekê bexdadî xwe hew li ber giraniya bangeran girt û têk çû. Banê me gurmîneke mezi ne bi carekê lê hêdî hêdî hate xwarê. Pêşî kutekê bexdadî ji dîwar pekiya, pişt re yek û sê dûv re çar û pênc dawî jî du û şeş bi qirçe qirç herifîn erdê.

Li hewşê toz dûman tevî baranê dibû.

Xwedêtealeyê mezin ê Diyarbekrê, vêga toz û xwelî û kaya mala me tevî bereketa baranê dikir û bi ser serê me de direşand.

Diya min neçar hêstirên xwe tevî baranê dikir û digiriya. Jinikên cîranan li ber dilê diya min didan: "Xwedêyo şikir hûn sax filitîn." Min xwe ji destê xwişka Verjîn xelaskir bazda bi kirasê diya xwe girt lê min nedikarî bigirîm. Wê sibeha payîzê di nav ciyê xwe yê piçûçik de gava bi kêf min pozê xwe li hev dixist û di nava deryayên xeyalan de dema bi kutekan re ketibûm mijûlahiyê û ji aliyekî de jî min dîsa dikir ku Xwedê wan bisitrîne, minê çawa bizaniya ku Xwedayê minê di nav pelên Încîla mezin î reş ya ku şiklê Îsa dema wî li ser çarmîxê vezilandine ya li dêra me ya li Diyarbekrê a bi navê Sûrp Girayos de xwe veşartibû, wê tam ji vajiyê wan de hemû daxwazên min bi cî bîne. An jî wê bide ser riya wî kevirê bangeran î mîna şeytanan û bi ser de jî wî kutekê bexdayî yê nankor jî jê re bike hevalbend û toz û dûmana xênî bi ser serê me de bibarîne li şûna behîv, şîranî û şekir ...

Dayika min digiriya. Debara me tenê mabû li ser pişta karê bavê min ê li gundan. Piştrastiya me tevde ew bû. Her yekşem dema em diçûn dêrê Încîla Keşe Arsen ev ji me re digot.

"Qenciyê bike tê qenciyê bibînî."

"Xwedêteala hergav alîgirê feqîran e."

"Xwezî bi wan kesan ku li vê dinyayê jar in, belangaz in, wê berî hemû kesî ew bigihîjin bextewariyê" Xwediyê van gotinan pêxemberê me Îsa jî wê rojê xuya nekir li derdorê.

Ew kevirê bangeran wê rojê ku te digot qey tinazên xwe bi min dikir tucar ji ber çavê min naçe. Bi wê giraniya xwe min digot qey li ser van germilkên min î şihitî yên zarokatiyê ne. Belê ew giraniya wê ya gunehan te digot qey tev de li ser pişta min bû. Weke merg û yerg û, uç û dort, pênc û şeş ku bi salan barê me yê feqîr hilgirtin...

DÎKRAN, NAZAR, XAÇO Û YÊN DIN

Hino diya min bû. Navê wê yê rast Xanimê bû. Bavê min digote wê Hino. Gava hê sêzde salî bi bavê min re zewicî, dawî jî li Xanimtiya diya min hat û dema Hinotiyê dest pê kir. Jixwe li aliyê me gava keçik dizewicîn te digot qey navê wan jî diguherîn; Haçer dibû Hiçê, Arşalyûs dibû Erşo, Yeğîsapat dibû Eğso û Nivart dibû Nivo. Ku piştî zewacê navê keçikan bi yên jinkî diguherîn karê wan jî giran dibû. Dema navên keçikaniyê dibûn navên jinantî li gor xwezayê diviyabû ku li xwe zêdekin jî. Wezîfa wan î herî girîng ew bû ku ji du salan carekê razana û ya rast û baş li şûna qîzê, kur bianîna.

Gava diya min bû Hino ez û xwişk û birayên xwe jî me bi dorê ji dinyayê re got merheba. Keşe Arsen jî ji du salan carekê dihat ku yekî ji me babtîz bike (helal bike) wekî din jî dîsa salê du caran di cejnan de dihat em pîroz dikirin. Piştî karê xwe diqedand xwe dida kuncekî dikê, bi kêï qehwa xwe vedixwar û digulpand çixara 'Gelîncikê'. Keşê me ji xeynî çixara Gelîncîk yê din nedikişand. Rojekê hat û tu nabêjî li malê çixarên Gelîncîkê nemane, diya min jî radibe sê çar heb ji yên Bahar'ê dixê qutiya Gelîncîkê û datîne ber. Ew jî qet li xwe danayne an jî wisa bawer dike û yekê jê bikêf pê dixe. Qehwa xwe vedixwe û radibe diçe. Li mala me ji bavê min pê ve kesî din çixare nedikişand. Ew jî tenê yên bi navê Buyukkûlp dikişandin. Lê diya min dike nake ji wê rojê û bi vir ve xwe ji bin gunehê ku li hember Xwedê û Keşe Arsen kir, xelas nake...

Em ji bo merasîma babtîzê nediçûn dêrê. Wê Papaz Efendî bihata malên me. Hema we sê çar tas av berî nav teşteke sifir bikira û pêjgîrekê wek pêşmalkê bida ber kesê dibû kirîv. Jê pê ve hêsanî bû. Keşe Arsen di karê xwe de serwext bû. Wê Încîla xwe ya piçûk ji berîka xwe derxista û dest bi dia bikira. Wê dengê Der Arsen ango Keşe Arsen tevî dengê qaje waja zaroka rût î ku di nav teştê de diperpitî bûbûya û li hundir belav bûbûya. Ew bêhna bixûrê ku pêl bi pêl li nav odê belav dibû mirov dibir zemanên berê. Îbadet tevî dengê zîz yê alîgirê Keşe Estedûr ku zarokê ji teştê derdixist û mêrûnê li dest û pê û eniya wî dixistin, dawî lê dihat.

Di hinge dinga babtîzê de tişta herî girîng navlêkirana zarokan bû. Li aliyê me nizanim ji ber çi ye lê zahfê caran navê Dîkran li zarowên kurî datanîn. Bi gumana min ev ji ber navê Diyarbekir î Ermenîkî digirtin. Navê wê yê Ermenîkî Dîkranagerd bû. Sebxatirê Qralê Ermeniyan ku demekê li wir jiyabû yê bi navê Dîkran û ji bo ku dê û bav tim dixwestin bi çavê qraltiyê li zarokên xwe binêrin ev nav dibijartin.

Vêca hingî Dîkran zahf bûn ji bo meriv wan bi hev şaş neke her yek ji wan bernavkek dihate ber navê wan.

"We bihîstiye Dîkran miriye?"
"Kîjan Dîkran?"
"Dîkranê dîn, cîranê kirîvê me."
"Jaro! Mir û ji xwe re xelas bû, rebeno."
"We sehkiriye Dîkranê Nono teskere standiye."
"Dîkranê Vanîsan nexweş e."
"Dîkranê Dîkro diran derxistine, emê îro danûkan bidin."

Piştî navê Dîkran, yê herî zêde ku dihat danîn bi dengê xwe gelekî nêzîkî Dîkran, Dîran bû.

"Kîjan Dîran?"

"Dîranê Tûmas, Dîranê Direj, Dîranê Qijikê Hewarê, Dîranê Destikê Sivnikê, Kûpê Hêrsê Dîran, Dîranê Lalûte..."

Piştî van navên xweş dor dihate yên sêyemîn, ew jî Xaçatûr bûn. Asas kîtên dawî yên hemû navan ji ber xwe ve qut dibûn. kesî dûvdirêj nedikir nedigot Dîrkan û Dîron, kin li ber didan; Dîkro, Dîro û Xaço.

Yekemîn kesê bi navê Xaço ê min zanî xalê min bû. Bi min kesê herî bi qudret û hêz di vê dinyayê de xalê min Xaço bû. Wê serê sibê zû biçûya ser karê xwe, çakûçê xwe bida destê xwe û wan hesinên sincirî li ser sindanê bida ber çakûçan, bê seknûtebat heta êvarê "zirme zirm" ji wan bianiya. Wê ji wan hesinan; gîsin das û ji bo ker û hesp dema li mêrgan diçêrin bi dûr ve neçin, qeydên bi zincîr û mifte çêkirana. Tevî van; bizmik, bist, destikên deriyan, mifte û gelek tiştên din.... De ka kesekî ku heta êvarê bi hesinan re şer bike û dawî jî bi dilê xwe şiklekî bide wan kî jê bi qewettir dibe.

Helbet li vê dinyayê kesên bi qewet û leheng pirr bûne. Yek ji wan jî ewê di efsaneya me Ermeniyan de navê wî dibuhere Kaç Nazar e. Kaç Nazar ango Nazarê Leheng. Ew lehengê ku bi yek derba şûrê xwe hazar mêşan dikuşt... Lê dîsa jî min digot kesî ji xalê min bi qewettir nehatiye ser rûwê erdê. Berî bi sî salî gava ez li ber destê xalê xwe şagir bûm û min nixafê dikişand, wê demê min bi çavên serê xwe ev rastî dît. Niha jî piştî bi çil salan ez hê jî li ser wê baweriyê me. Heke hûn ji min bawer nekin li Stenbolê li taxa Ferîkoyê ku zahfê wan Ermenî ne ji xelkê bipirsin bê Xaço'yê hesinger yê Diyarbekrî çawa bû, hûnê bi xwe jî bawer bikin wê gavê. Ku wê gavê jî hûn bawer nekin wisa be tu ferqa we û Xaço'yê Serkundir î bêmejî ji hev namîne.

Ji Xaçoyên Diyarbekrî yek jê jî Xaçoyê Serkundir î bêmejî bû. Ez nizanim bê serê Xaço yê qerase dişibiya kundiran an kundir serê Xaço dianîn bîra meriv? Bersiva vê pirsê nehêsan e. Ev pirs bêbersiv mabû di serê me Ermenyên Diyarbekrî de. Jixwevê paşiyê em bi rastiyekê hissiyan ku hedana min nayê heta nebêjim. Dibêjin şikra ku bavê Xaçoyê Serkundir î bêmejî yê babtîzê ne kirîvê wan î rast, Kirîv Mano bûye. Jixwe navê kesê ku nav lê kiribû, li dêra Sûrp Gîragos nehatiye nivîsandin û hatiye jibîrkirin. Kes nizane bê kirîvê wan î rast kî ye? Lê bi giştî hemû kes divê baweriyê de ye ku bavê wî yê navan an bi gotineke din diya wî ya navan Kurê Mama ye. Wekî din jî dibêjin gava diya vî serkundirê bê mejî, Pirûş di ber êşîka de bûye wê gavê dişînin pey Kurê Mama.

"Em di bextê te de Kurê Mama zû were! Pirûş di nav ciyan de ye û te hew dît raza!"

Kurê Mama, ew pîreka nezan ku bi qasî porê serê xwe yê hinekirî navika zarokên Ermeniyan birriye bi bazdan tê daw û delingên xwe dide hev, bi destên xwe yên bişinûrk dikeve ber jinikê.

Lê dinêrin zarok ji bo newelide rika xwe daniye û li ber xwe dide. Temamê keda Kurê Mama dibe dilopên xwîdanê, mîna morîka li ser eniya wê kom dibe û bi ser zikê Pirûşê yê wek çiyayekî ve dilopan dike. Dikin nakin deng ji lawik nayê. Piştî têkoşîneke sê roj û sê şevan berdestî sibê gava keleşêrê koxê azan dide wîqe wîqa kurik jî tevî dengê wî dibe.

Kurê Mama ji hal û hewal ketiye:

"Weyla se kurê se, hey serkundiro! Te rih û îmana min derxist te ez beicandim. Ev qas sal e ez vî kari dikim min bi vê ecêbê nedîtin. Devê min gazekê ji hev ma ez lal mam lawo! Kuro lawo tu çi kurekî bêmejî yî. Serkundir î, sebinyat! Li şûna ku tu bi serê xwe werî vê dinyayê tu çima bi qûna xwe tê?"

Bi vî awayî bi gotina Kurê Mama nav lê dimîne "Serkundir" an jî "bêmejî"

Ji Xaçoyan yekî din jî evê çaroxvan e. Li aliyê me zahfê Ermeniyan bihuner bûn. Karê wan an hesingerî an sefarî, hostetiya dîwêr, kevirşikênî, sobeçêkerî, sîtilçêkerî, nalbendî, xeradî an jî mişeqetî bû.

Dêmaniyên Diyarbekrê û xortên wan êdî bêhtir şekal dixistin piyên xwe. Çarox wergirtin karê gundiyan bû. Bi çarox û yemeniyan rehettir bûn. Yemenî jî an reş an jî sor bûn. Hostetiya dirûtina yemeniyên Xaço li gundên çarmedorî Diyarbekir deng veda bû. Wek van zebeşên Diyarbekir î mezin û dendik pir, yemeniyên Xaço jî nav û deng dabûn. Ji gundên derûdor gundî ji bo dirûtina yemeniyên xwe dihatin cem Xaço. Bi taybetî jî ev xortên li ber zewacê zahf dihatin balê... Wê bi Kurmancî gazî hoste bikirana: "Xaço Hoste solekê bide min"

Hûn têgihîştin ne wisa!.. Ji hoste bi zimanê wî yemenî dixwestin. Xaço jî hema bêje bi qasî wan bi zimanê wan zanibû. Peve bi devoka wan î cihê, bi zazakî jî zanibû.

Wê Xaço ji wan bipirsiya bê ji kîjan rengî dixwazin, zahfê wan wê bigotana ji yên sor. Wê Hoste Xaço serê xwe bixwiranda, simbêlên xwe li hev badana, reha li kêleka çavê wî yê çepê wê zûtir lê bida, du sê kuxuk bianîna xwe û bi dengekî jixwe bawer û ewle berê xwe bida yê gundî bigota:

"Nabe!"

Gava Hoste Xaço bigota "Nabe" gundiyan pê dertanîn bê derdê wî çi ye? Ji bo ku ev "Nabe" bibe "Bila be!" diviya bu ku gundî an dîkekî an mirîşkekê an zerikek hingiv, hinek nivîşk, an du sê lib hêk, an jî satilek mast bidanê. Carna gundiyan jî xwe dikirin wek Xaço û nedixwestin bi ser perê yemeniyê de hêk û nivîşk an jî hinek jajî bidinê, vêca dikirin nedikirin Xaço yemenî nedifirotin wan. Wê êdî dûvedirêj dest bi maniyan bikira bigota şikra yemeniyên ser dezgehê berê hatine firotin, xwediyê wan wê bê wan bibe û heta bê bibe jî di berde tevî heqê bîstûpênc mecîdiyan; satilek jajî, xwircikek tije gûz an jî bi qasî satilekê doşava tirî hiştiye û:

"Nabe!"

Kesî nediye ku Xaço yemeniyekê bê hingiv, bê hêk an jî bê nivîşk firotiye. Ew ne ji wan kesa ye ku here dikanê û bêje: "Ka ji wê derê deh lib hêk an jî kîlokî nivîşk."

Yemeniya min î yekemîn û dawî ji destê Hoste Xaço bû. Yemeniyeke reş bû. Ez hê deh salî bûm, bavê min bi destê min girt û ez birim dikana Xaço û bi Ermenîkî gotê:
"Xaço Hoste, Xaço Hoste, diğûsî yemenî mî gare." Wî jî di maniya "Erê" de serê xwe hejandibû û gotibû "çawa nadirûm, ezê ji kurê te re yemeniyekê bidirûm." Û pîvana piyê min girtibû. Ji me ne hingiv, ne behîv û ne jî mast xwest. Jixwe nedikarî bi xwesta lewre ew û bavê min gundiyê hev bûn, herdû jî ji Heredanê hatibûn Diyarbekrê. Herdû jî di damê de box bûn carna bi hev re diketin pêşbaziyê. Dama, ew lîstika ku bi şazde kevirên reş û şazde yên spî dihate leyîstin; meriva kişikê. Lê gava ew bi damê dileyîstin wê gavê çi bi destê wan keta ew dikirin kevirê lîstikê. Gava dileyîstin ku berikê yekî ji wan sîsikê zeytûnan bûna yên ê din wê nok bûna. An jî ku yê yekî dendikê zebeşan bûna yên ê din dendikên petêxan bûna. Herdû jî Zazakî ji zimanê xwe yê zikmakî ji Ermenîkî bêhtir zanibûn. Diranên hoste bavê min danîbûn. Diranên wî yên kurmî bi kelbedanekî rakiribûn û li şûna wan yên zêr jê re çêkiribûn. Gava bi wî devê xwe yê mezin dikeniya diranên zêr zer dikirin di dev de. Hoste jî her carê wê ji gundiyan re biken diranên xwe qîç bikira û reklama bavê min bikira...

Xaçoyekî din jî zêrînger bû. Du taybetmendiyên wî hebûn. A yekê zêrîngerekî baş bû. Ne ji vanên ku zêr dikirin û difirojin, wî bi xwe zêr çêdikirin, wek xalê min Xaço ku çawa rih dida hesin an jî Xaçoyê ku çerm dikirin yemenî wî jî rih dida zîv û zêr û xişir ji wan çêdikirin. Di destên wî yên jêhatî de, zêr carna dibû xaçeke nazik û di stûwê keçikên xame de bi ser sînga wan de dadiket, carna jî dibûn bazin û di zendikê wan de dikir şinge şing. Zêrên ku dibûn guhar bi nermikên guhên keçikan re diketin reqsê. Gustîlkên mamikan jî di tiliyên xortan de dibûn pirsek.

Taybetmendiya Xaçoyê zêrînger ya duwemîn; masîgirekî hêja bû.

Nizanim hûn hay jê hene çemê Dijle bi sedan sala ye li dor bircên Diyarbekr yên navdar weke maran fetlaneka dide xwe û bêwaneke dûvedirêj bêwestan av dide û diherike.

Bi Ermenîkiya wê Voskerîç Xaço an jî Xaçoyê zêrînger rojên yekşemê berî ku Keşe Arsen û alîgirê wî Estedûr li dêra Ezîz Sûrp Gîragos dest bi diaya serê sibê ya "Aravod Lûso" ango roja ronî bikin û gava dengê zengilê dêrê ye xwerû tûnc li taxên bi navên Xançepek û ya Filla ku bi giştî fille lê diman belav bûbûya wê Xaço torên xwe kom bikira û xwe berda ber kersaxên Dijlê jî.

Çawa di karê zêrîngeriyê de bişinûrk bû zêran dixist şiklê bi dilê xwe wisa masîgiriya wî jî hêjayê pesindanê bû.

Bi hosteyî zanibû masiyên gir yên "Şebbot" û "Sirînkên" xwirt bigirta. Bi gotineke din kêm kes wek Voskerîç Xaço zanibûn êvarê wan masiyan di zeytê de biqelînin û tevî Yenî Raki'yekê an jî şerabeke ji vanê li malan çêdibin bi kêf bixwin.

Navbera Keşe Arsen û Xaçoyê Zêrînger tu caran baş nebû.

Rojekê Xaçoyê Zêrînger nexweş dibe dikeve nav nivînan, dîya wî Tûma Qop– navê wê yê keçikantî Tûma Bedew bû– bi bazdan, bazdaneke kulî kulî yên qop çawa bazdin wisa xwe digihîne mala Keşe Arsen û bi lavelav dibê: "Papaz Efendî, Papaz Efendî. Ez di bextê te de tu werî hewara me li ber serê Xaço du rêza ji Încîlê bixwînî! Pê de bixwîne ku baş bibe, rebenê min serma girtiye û ketiye tayê, hindik maye zatulcemp lêkeve..."

Keşe Arsen berê xwe dide Tûma Qop û erzê wê dibe

"Tumê, Tumê, ez nayêm bi ser wî kurê te yê ku rojên yekşema nayê dêrê, tevî Ayîna Pîroz nabe naxwînim! Nakevim bin gunehan! Tu here ji wî kurê xwe yê gunehkar re bêje bila 'Şebbotên' Dijle werin pê de bixwînin.

Xaçoyekî din jî evê cîranê me yê "kor" an jî "keçel" bû. Belê kor û keçel... Xaço berî ku keçel bibe ango gurrî bibe, yanî berî ku porê wî biweşe, tenê jê re digotin Xaçoyê kor. Jixwe çavên wî ne ji binî kor bûn. Roniya wan pirr kêm bûbû û bi kotek xelkê ji hev derdixist. Di zarotiya xwe de bi nexweşîna trahoma –li alê me gelek kes bi vê êşê diketin–

ketiye. Çavên wî her gav sor bûn wek xwînê. Wek çavên wan zarokên ji rûderketî ku li ser hemû tiştî digirîn çavên wî jî hergav avî bûn. Ku bixwesta bala xwe baş bida tiştekî wê çavên xwe miç bikirana, a wî çaxî jî ji çavan bêhtir di nav wan mijangên kinik de dişibiyan kortikên dara yên kefikî.

Gava navekî din jî li navê Xaçoyê Kor zêde bû ji hemû kesî bêhtir diya wî xwişka Ester ku mêrê wê ev nav tu caran hinkûfê wê nedidît û jê re digot Rozîn'a pozbilîk bi ber ket. Dikir nedikir ev rewş qebûl nedikir. Weke diyekê tu car li xweşa Xwişka Ester nediçû ku navên kor û keçel bên ber navê kurê wê. Tu car nedigot kurê min kor an keçel e tew wî serê wî yê mezin dida ber sînga xwe pê şa dibû ew maç dikir pişt re jî strana davêt serê:

"Ev keçel qet ne keçel e, keçel be jî li ber berber reçel e!"
Xaçoyekî din jî 'Xaçoyê xinamiyê' min bû.

Xaçoyê xinamiyê min cildûr (terzî) bû. Ew şalwarên kurdî yên devdelingên wan ji kêlekan de hinekî vekirî ji rengê qaweyî, keskê tarî ku di bin wan qutikên çil bişkokî de dihatin lixwekirin, ji hemû kesî xweşiktir didirûtin. Jixwe ew jî li Diyarbekrê wek wan hostên din yên Ermenî jêhatî bû. Nizanim ji ber çi hema gundiyekî Kurd bihata bajêr yekser digote wan 'xinamiyê min.' Ji ber vî awayî nav lê kiribûn "Xaçoyê Xinamî."

Li gorî hinek dîrokzanan di navbera Kurd û Ermeniyan de têklatiyên dîrokî hene. Nizanim çiqas jê rast e. Çiqas jê rast e û bi çi awayî ye, divê mirov ji Xaçoyê Xinamî bipirse incex ew pê zanibe.

KEÇA TÛMAS

Me jî weke we û yên din û filan û bêvan axir wek we hemûwan kir, rojekê got "Halê dinyayê ev e" û bêyî ku em gotinê dirêj bikin, hûn jî zanîn dema gotin dirêj dibe ji tamê dertê bêhn pê dikeve, axir em jî zewicîn.

Zewaca me zewaceke bêkêrsimî weke her zewacê bû. Divê me pêşî bingehekê jê re daniya û wisa jî bû. Ya rast kevirê pêşî divê min daniya çawa hebe ez mêr bûm û li aliyê me gavê pêşî hertim ji aliyê mêran ve dihat avêtin. Jixwe tu sedemeke din nebû ku ez bi awayekî din bilivim. Herwiha min jî mîna we û yên din kir.

Çîroka me jî hema bêje weke ya we bû. Jixwe nedibû ku bi awayekî din be lewre ez jî weke we û bavê xwe li ber adetan stûxwar bûm. Çawa hebe ez jî ji dola Bavê me yê Adem bûm. Bavê me yê Adem jî roj hatibû bi diya me ya Hawa re zewicî bû ma ezê çima bisekiniyama?

Ez li bendî tiştekî nemam. Jixwe heta şazde saliya xwe ez bi kotek sekinîbûm, ma ezê hê li hêviya çi bûma? Her çiqas pêşiyên me gotibûn "Xwediyê Sebrê Melekê Misrê" jî ez bixwe ne ji wan kesan bûm. Wê demê min tenê ji tiştekî fêm dikir, ew jî hey ku ez jî mîna bavê xwe dirêj bûbûm û min şalên dirêj li xwe dikirin, diviya bû ku ez jî bizewiciyama. Wisa be min çima dilê xwe ji kesî re venekira? Roj dihatin û diçûn hindik mabû ez dereng jî bimama.

Li aliyê me gava civata mezinan bigeriya nedibû ku piçûk mijûl bibin. Naxwe wê ji nişka ve sîleyek daweşandina çema stûwê te û tê bigiriyayî teyê erdê maç bikira. Piştî çend caran ez pîjkî li erdê dirêj bûm min erd maç kir ez vê rastiyê hîn bûm. Bi vî awayî ez hînî guhdarîkirinê bûm û dawî jî min fêm kir ku riya herî baş ji bo mirov bi delaliya qîzekê zanibe divê mirov wê piştî serşûştinê bibîne. Min guh da gotinên mezinên xwe û rojekê raste rast çûm ber devê derê himama nêzîkî mala me ya bi navê Himama Paşê.

Min li xwe kir êvar bi gotina "Ev delal e û ev ne delal e." Ji bo biryara xwe ya dawî bidim dotira rojê dîsa çûm devê derê himamê. Û têgihîştim ku keça herî xweşik ya cîranê me Tûmas bû... A rast min keça Tûmas berê jî gelek caran dîtibû lê ew cara pêşî bû ku min ew gava ji himamê derdiket didît.

Li aliyê me ku kurik dil bikeve keçikekê dibêje filankes "ez helandime." Keça Tûmas jî ez helandibûm. Lê hey hawar çi helandin!.. Hema ku dibû şev ezê biketama binê lihêfê, minê lihêf bikişanda ser serê xwe dest bi xeyalan bikira. Gava ku min wiha dikir te digo qey hêsantir dibû mijûliya bi keça Tûmas re. Li gor adetan gava dilê te biketa keçekê divê roj bi roj te li xwe bişkanda û biheliyay. Çiqas tu zû zirav bibûyayî teyê zûtir bala mezinan bikişanda. Min jî roj bi roj xwarina xwe kêmtir dikir û xwe birçî dihişt. Bi rastî ne ku ber dilê min hatibû girtin lê li gor edetan divê wiha bûwa... mîn jî wisa dikir.

Min li xwe şikand... Erê min roj bi roj li xwe dişikand lê vê bala kesî nedikişand. Wisa biçûya rojekê wê wek tayekî li min bihata û ezê di qula derziyê re derbasî dinya wî aliyî bibûma. Heyfa min û evîniya dilê min, jixwe bi vî halî ditirsim keçik jî ez neecibandima. Min biryar da ku dilê xwe lê vekim... Lê vekim? Baş e lê li kê? Çawa?

Rojekê min riya xwe lê dît û gava keça Tûmas ji kaniyê av dikişikand min nêzîkayî lê kir û got:

"Keçikê ka bihêle ez ava te bikişînim." Keçik li hev soro moro bû û got:

"Na naa!"

"Keçê de bihêle lê."

Min xwe zer kire derdanê wê yê avê. Lê wê berî min kulmek ji ava xwe hilanî bi ser min de reşand û bilez bi alî malê de bezî. Ez jî ji bo cilê min ziwa bibin min xwe da ber tavê. Li ber tavê jî min ji xwe re digot: "Ez şil kirim wisa be wê bi min re bizewice jî!"

Wisa kete hişê min. Ji ber ku gava li aliyê me keçik desmalekê bavêjin pêşiya lawikekî an jî tasek av pê de dakin, ev tê maniya ku dilê wan î zewacê bi wan re heye. Wekî din ev tê maniya ku herdu jî li ser hev dihelin. Piştî ziwa bûm bilez min berê xwe da malê çûm ba diya xwe.

"Dayê ezê tiştekî ji te re bêjim."

Diya min mîna ku qet ez ne bihîstibim bi karê xwe ve ma. Cil dişûştin. Min kir ku bêjim ezê jê re tiştekî girîng bêjim lê berbayî min neket bi hêrs li min vegerand:

"Ma vêga wext e?.. Tu jî mîna bavê xwe kengî destê min di nava hevîr de be an jî cilan de be tê werî min bidî xeberdan û tiştan ji min bibirsî."

Ez hinekî bi ber xwe ketim lê kêfa min jî hat. Ji ber ku ev cara yekemîn bû di tiştekî de ez dişibandim bavê min. Ev ji bo min girîng bû ango ez jî êdî biqasî bavê xwe hebûm. Her çiqas diya min ne alîgirê xeberdanê bûna jî minê pê re xeber bida. Ez raste rast ketim nav meselê:

Diya min ji binî guh neda min weke her car cilên xwe şûştin. Tu nabêjî wê gavê derpiyê min î gemarî dişûşt. Bi rastî min bawer nedikir ku wê ewqas diya min berbayî mesela min nekeve. Ez şaş mam. Vêga dora hêrsbûnê ya min bû, min dengê xwe hilda got:

"Min ji te re got ezê bizewicim!" Diya min serê xwe ji ser teşta cilan rakir, li nav çavê min nihêrt, te digot qey wê, wê

55

gavê biteqiya... Demekê bêdeng li min nihêrt pişt re di ber xwe de bû niçe niça wê. Min got qey dixwaze tiştekî bibêje lê vexeniqî serê xwe berda ber xwe, bi hêrs derpiyê min î ku ji teştê deranî danî ser kevirê mezin î rex xwe ji bo ku derê, bi şûnika kete serê... Îca bû niça niça min. Bi perda deng ya herî bilind qîrîn ji min çû:

"Ji bavê min re bêje! Bê kurê wî bûye wek kerekî... Û dixwaze bizewice... û..."

Min got "û..." lê dawî lê nehat. Bi rastî min nizanibû ezê çi jî bêjim. Bi kefteleft min xwe avêt derve. Di ber derê mala Tûmas re derbas bûm çûm gihîştim hevalên xwe yên ku bi kapê dileyîstin.

Wê şevê weke her car piştî şîvê çûm nav ciyê xwe. Ez ji ber du sedeman zû diçûm nav ciyan. Hûn yekê jê zanin; ji bo bikevim nav xeyalên keça Tûmas, ya duduwan jî min dixwest diya min û bavê min bi tenê bimînin ku karibin bi bêhna fireh mijûl bibin. Wisa jî bû. Ji oda wî alî dengê wan hate min bi Kurdî mijûl dibûn. Min jî pariyekî ji Kurdî fêm dikir. Lê ew ji bo ku ez ji wan fêm nekim bi devoka Zazakî ketin nav mijûlahiyê.

Wê şevê dûvedirêj bi Zazakî peyivîn.

Roja din nizanim çima zû şiyar bûm. Min kir nekir newêribûm ji nav ciyan derêm, li hêviya bavê xwe mam heta ku here ser kar. Gava min dengê kuxuka bavê xwe û çengelê derê derve bi hev re bihîstin, ez ji nav ciyan petikîm.

Li ser taştê mirûzê diya min kirî bû, qet xeber neda. Êdî hew hedana min hat min jê pirsî:

"Çi bû, te ji bavê min re got?"

Diya min kurtebirr bêyî li hêviya min bisekine got:

"Min got."

"Êê wî çi got?"

"Got bila pêşî zikê xwe yê birçî têr bike paşî bizewice."

Piştî diya min gotina xwe kir hema bi lez ji ser taştê rabû û mîna karekî girîng di stûwê wê de be hahaka sifrê da hev.

Ez şaşmayî û bi hêrs lê vegeriyam:

"Êêêêêê?"

Diya min hew xwe girt û pelişî nav çavê min:

"Tu hê zarokê do yî rabûyî dawa zewacê dikî... Zewac li kû tu li kû! Te nego mala minê anîna jinê wisa hêsan e? Tê jinekê çawa têr bikî?"

Diya min wek tivingê êrîş dianî ser min. Xuya bû wê hê zahftir bigota. Ez bi hêrs rabûm piya û bê payan min da qîra.

"Hêêw, zik û zik û zik... Tiştekî din nema li vê dinyayê"

"Heye... Heye... lê hemû tişt jî wextek jê re heye. Berî hemû tiştî ka tu pêşî dibistanê xelas ke. Leşkeriya xwe bike. Sê çar quruş pere kar bike. Nanê xwe têxe destê xwe pişt re tu çi gûyî bela dikî bike!" A rast min tu car diya xwe wisa bêhnteng û bi hêrs nedîtibû. Carê jinikeke henûn î diltenik bû. Lê tu dibêjî qey ew jinika weke melayeketa çûbû yeke nenas hatibû radiperikî nav çavê min. Min deng nekir. Wê bihêrs hê jî gotin li gotinê zêde dikir.

"Him kî keça xwe dide te, kî bi te qayîl dibe?"

"Min qîzê rayî kiriye."

Xuya bû diya min bersiveke wisa ji min hêvî nedikir. Matmayî pirsî:

"Kîjan bêmejiya ahmeq bi te kenî?"

"Ew ne bêmejî, ne jî ahmeq e, keça Tûmas bixwe ye..."

"Te go çiii, ew qîza Tûmas î tiredînî. Ew Şûşan a poz bilîk?"

Lê hew karibû xeber bide. Dest bi girî kir. Ez gava çav bi lehiya hêsirên çavê diya xwe ketim matmayî mam. Mîna seyekî bixwaze hestî bixwe û di ber de bimîne vexeniqîm li hev soro moro bûm. Lê ez hew vexeniqîm, min ser û guhê xwe dan hev. Diya min raste rast tinazê xwe bi min kiribû. Ji bûka xwe re gotibû "Ewa pozbilîk" û kenê xwe bi min kiribû. Tew bi ser de jî dixwest ez dev ji vê fîkrê berdim... Şûşan qet ne keçeke weke ku diya min digot bû. Ma ez beredayî ew çend li devê derê himamê mabûm? Ev hemû nebûkariyên xesûyekê bûn ku li bûka xwe dikirin. Ji ber vê yekê ez bi hêrs û bi mêranî li ber hêsirên çavê diya xwe derketim:

"Pozbilîk be jî ez wê dixwazim!"

Belê pozbilîk bûna jî min xistibû hişê xwe ezê bi keça Tûmas re bizewiciyama. Lê de were ku ev yek di dilê min de ma. Nebû. Bavê min got "Na". Gotina bavê min li malê wek kelamê Xwedê bû ku bigota "na" "na" bû. Bi vî awayî eşqa min î yekemîn bi avê de çû.

Şûşan'a keça Tûmas a 'pozbilîk' dane yekî din. Min mekteb nîvco hişt çûm ber destê bavê xwe. Hingî min kurtan ji kera re dirûtin, ez bûm hostê kurtanan. Piştî çar salan gotin "Êdî destê te nan digre, tu karî bizewicî..." û ez bi keça Hacerê re zewicandim. Vêga çiqas bi rê de gava rastî keça Tûmas têm serê xwe berdidim ber xwe.

Jina min avis e. Nizanim ku keçekê anî ez navê wê Şûşan deynim gelo?...

EM

Havînên Diyarbekra me timûdayîm germ in. Tav êdî ji tavîtiyê dertê dibe bela serê me, dibe pêtên agir û ji ezmên ve bi ser me de dibare.

Rojên ku ji ezmana agir dibarî emê biçûna li ber devê dikanên qeşayê bi perekên xwe, xwe bihetikanda û ji bo pariyeke qeşayê emê bûbûna parsek. Xeyala her malê bû ku sarincek lê hebe lê ev ji xeyalekê bêhtir xewnerojkek bû.

Gava em li ber devên dikanê li hêviya qalibên qeşayê ku ji fabrîqê bihatana diman, ew qalibên qeşayê ji bo me qet nedihat maniya ava qeşagirtî. Ew te digot qey jixwe ji dinyake din dihatin nedişbiyan tiştên rastî.

Gava em li ber derê dikanê li hêviyê diman ew mîna bûkeke ku naziyan bike, di nav kayê de nixumandî bi destê firoşkarekî dida rê û dihat.

Em tu caran li ber derê qeşafiroşan nediketin dorê. Ji kî bihata wê wî pêşî bibiriya, dor mor çi ye! Destê xwe dirêj ke zixtekê li yê li alî milê xwe yê rastê bixe yekê li alê çepê bixe perê xwe deyne û qeşa xwe hilîne! Û pişt re jî li pey xwe jî nenêre here! Me wisa dikir jî! Te hew dît qalibê qeşayê yê mezin di destê çepelê firoşkar ê hûrbelî û sîng bipirç de hat û kete bin derbên bivir. Derb li dûv derbê li qalibê reben diweşiya ew dikir piçikûparî. Feqîra qeşayê li ber çavên me yên birçî wê berê xwe bida ezmana ku bike lave lav lê gava çav bi tava sincirî diket per û baskên wê sist dibûn hezar qeda li siûda xwe dianî di nav destên zarokan de di nav şermezariyeke neçar de li kuçên bajêr bi çipe çip hêsir dibarandin...

Parîkên qeşayê tevî girî û nalînê heta digihîştin xaniyên me yên kerpîç, berî ku bimrin, bihelin bigîhîjin destên diyê me heke destê wan di nav hevîr de bûna jî wê dev ji karê xwe hemûkî berdana, rabûna vî perçê qeşayê yê bi girî li nav "şor" ekî ango potikekî girêbidana, wî potikî jî têxistana nav "şor"ekî din, wî jî di nav yekî din de baş bipêçana mîna van zarokên pêçekê û wê bianîna têxistana qelîşteka dilbekê dawî jî textikekî bidana serê. Bi vî awayî piçika qeşayê weke xezîneyekê ji tîrêjên rojê yên sincirî diparastin. Gava evdala qeşayê ji hevketî bêyî ku bimre dikete mezelê xwe êdî bûbû êvar, herkesî ji zû ve dabû ser riya malên xwe.

Bavê min jî bi derengî nediket tu caran, li ser milê wî zebeşekî mezin wê li derê hewşê bida. Li ber derê kuçe yên hewşên me destikek bi deriyan ve hebûn me ji wan re digote 'şeq şeq", wî çaxî ewqas Keşe Arsen ji Xwedê re dia dikir lê li mala wî jî hê zengil û ceyran tunebû... Bavê min wê du caran li şeq şeqê bixista di bin wî barî de ji hev ketî û westiyayî wê bihata hundir. Wê diya min wê gavê li nav malê nanê sêlê çêkira. Xwişka min derçika derî dişûşt birê min î piçûk jî wê bazda pêşiya bavê min ku wî zebeşê bi qasî bejna xwe ji dest bigre. Wê bavê min çakêtê xwe ji xwe kira wî û şewqê bi hev re biavêta ser bizmarekî bi dîwêr ve. Wê bêhna xwîdanê ji çakêt bihata. Wê berê xwe bida bîra li hewşê û li ber tilimpê ku em jê re avê bikişînin da eniya xwe ya bi xwîdan û dev û rûwê xwe bişo. Wê bavê min herdû destên xwe bida ber tilimpê bi çelpe çelp av bi rûwê xwe ve dakira. Wê pozê xwe paqij bikira, av di devê xwe werdaya, bi tiliyên xwe yên şil wê pora xwe bi paş de biavêta û bi vî awayî xwe hînik bikira. Wê gavkê wê birê min î piçûk biçûya pêjgîra bi dîwar ve daleqandî jê re bianiya. Bavê min dema rûwê xwe ziwa dikir di ber re jî digot "ox, ox" te digot qey ji ber ku li ser dest û piyên wî çûn û hatin, spas dikir. Bi vî şiklî westandina wî hinek be jî ji bîra wî diçû û xwe dida enîşkeke dikê.

Ku bavê min biçûya ser ciyê xwe diya min zanibû êdî herkes amade ye wê vêca sifrê rast bikira. Meyê li erdê çarmêrgî vedaya û wê diya min şîvê daniya. Xwarina me bi giştî mehîr, nanê sêlê, savar û dimsa rehin bû. Me teva ji yek sêniykê dixwar. Di nav şinga şinga kevçiyan de wê bavê min bigota: "Dengê kevçiyan pirr li xweşa min diçe! Bixwin, zahf bixwin! Baş bixwin xwe têr bikin ha!" Ji bo bavê me bikêf bixwe me jî bi gotina wî dikir û bi kevçiyên darî em difilitîn ser savara ber xwe. Hûn hay ji tama xwarina bi kevçiyên darî hene? Bi hilma dawî ya perçên qeşayê yên piçûk ku di nav zerikên dew de soberî dikirin wê dawî li şîva me bihata.

Şevên zivistanê bavê min şerab vedixwar. Me şerab nedikirî. Diya min şeraba me çêdikir. Diya min wê wan libikên tiriyê Siwêregê yên piçûçikî şîrîn bi piyên xwe biperçiqanda, ava wan têxista qetremîzên mezin heta çil rojî bisekinanda. Çil roj bi şûn de şerab a vexwarinê bû. Di wan şevên zivistanê yên dirêj de me şerab li ber mêvanên xwe digerand. "Vexwin, baş vexwin ev şerabeke qenc e ha" digot bavê min û kasika sifir î tije şerab datanî ber wan. Mêvan jî heta serî li wan giran bibûya wê vexwarana. Gava bavê min dest bi strana "Beri gel kömür gözlüm ben adam yemem" dikir diya min zanibû ku ew êdî serxweş bûye. Wê alîgirê Keşe, Xalê Estedûr jî bi strana "Dere kenarında bir ev yapmışam, kerpiçim tükenmiş naçar kalmışam" dorê jê bistenda. Bi Tirkî re stranên Kurdî jî digotin. Gundiyê bavê min yê ji Heredanê Keya jî te hew dît ku dest bi strana "Were yadê rebeno dîno, Qerejdaxî, welle tu esmer î, qereqaş î, Xudê miradê mino bike ser kanîka Erbedaşî.." We tiştekî ji strana Xalê Keya fêm nekir ne wisa? Dixwaze Xwedê miradê wî û yara ji Qerejdaxê li ser Kaniya Erdebaşê li hev bike.

Xalê Keya yê şêst salî pişt re ev stran digot şeraba di kodikê de bi ser qirka xwe de dadikir... Lê gava teva bi hev re strana Mûşê digotin hew karibûn giriyê xwe bigrin. Di rojên din de bavê min piştî şîvê xwe dida aliyekî, li ser mînderekê rûdinişt û rojname dixwend. Demekê çûbû qursên zimên xwe hînî alfabê kiribû, wan jî kaxetekê li şûna dîplomê ku jê re digotin "Şahadetname" dabûnê. Ji ber hurmeta vê kaxetê wê rûnişta her şev rojname bixwendana. Gava havîn dihat ango rojên ku em ji ber tavê dikelijîn, piştî şîvê em hildikişîn ser bên. Banê xaniyên me rast û xwelî bûn. Serê havînê me text li ser xanî datanîn û em diçûn ser wan radizan. Di kelewaja şevên havînê de îmkan nebû ku meriv li hundir rakeve. Bi ser de jî tirsa dûpişkan. Wê biketana nav zendikên cilên me an jî nav şekalên me. Çar aliyê têxt me bi cawê spî dipêça ku kes tiştên nav malê nebîne. Me ji vî cawê spî re digot "stare". Carna barana havînê serîkî li me dida û diçû. Me wê gavê zûzûka cilikên xwe didan hev û me xwe berdida jêr. Ev koça şevê ji hemû kesî bêhtir li xweşa me zarokan diçû. Ji me re weke leyîstekekê bû. Me lihêf dikişand ser serê xwe û me li çipe çipa dilopên baranê ku li ser lihêfê diketin guhdarî dikir. Em berbayî roja din nediketin, jixwe diya me rûwên lihêfa dişûşt û dibir ser xanî.

Em heta cejna Sûrp Xaç ango Xaça Ezîz li ser xaniyan diman. Gava cejna Xaçê dihat dinya êdî baş sar dibû û baranê dest pê dikir. Wî çaxî me vê dîlokê li hev dianî.

"Haç, damdan kaç."

Û me xwe berdida jêr. Me text jî ji bo sala bê ji hev dixist û dida aliyekî. Bi vî awayî dawî li xewên xweş î bin stêrkan dihat. Ku baranê dest pê dikir vêca dor dihat ser bangeranan, heta havînê. Dilopên baranê yên gir xwelî û kaya ser xênî heta bi menzelên me dişand. Bangeran jî tevî xwîdana bavê min geh bi çepê de geh bi rastê de digindirîn û banê me qewîn dikirin. Emê êdî li menzelê xwe li ser wan ciyên erdê razana. Sibehan livîn dihatin hevdan û di malivînkan de bi keys dibûn. Wê gavê dûpişk jî dikişiyan hembêza axê heta bihareke din xatir ji me dixwestin. Ku payîz dihat wextê dagirtina kîleran jî dihat. Me pêşî komir û êzing dikirîn, wê diya min dev û rûwê xwe bi melesekê binixumanda û wan ceharên komira yek bi yek bibijarta û ji hev biwejarta.

Yên ku hindik qemitîbûn, baş nebûbûn komir didan aliyekî ji wan re digot:

"Arot". Wê ji ya din re jî bigota ev "dik" e libên hûrik ku di bêjingê de diman datanî dereke din.

Yê ku ji wan re digot "Ağgîk" ew yên baş bûn. Wê wan yek bi yek bibijarta û hilaniya. Li mala me her cûre komir bi awayekî dihate şewitandin. Diya min bı "Arot"ê av ji baavê min re germ dikir.

Bi Ağgîk'ê nan dipijand. Bi "dik" ê jî noka diqeland.

Paşî jî me danûk dikelandin. Wê genim bihata bijartin û biçûya êş. Ardê ku dihat jî dihate bijartin.

"Ev ardê xas e".

"Ev bi kapik e".

Me ji ardê xas patîre çêdikirin. Patîre cûreyekî borekê bi penîr e. Lê ji bo patîre xweş be divê penîrê wê kêmrûn be. Yanî bêîman be. Me kapikê jî difirot Cihuyên ku li kuça şûşa dikirîn. Me ji wan Cihûyan re digot "Moşe". Wan jî kapik û şûşên vala ku didan hev dibirin difirotin ji xwe re bazirganiyê dikirin. Ermenî hemû, esnaf û bi huner bûn lê Cihû tev de bazirgan bûn.

Diya min wê ava tirî biguvaşta jê şaran û benî çêkira. Lê me mewîj û bastêq dikirîn. Bastêqe Egîlê ji yê hemû deran çêtir bû. Bastêq çiqasî tenik bûna ewçend baş û bi tam bû. We qet kakil xistine nav bastêqê û xwarine, bê çi xweş in? Hûn bi wê tama xweş zanin?

Muhallebiya me bi xwe mast bû. Çokelata me jî helîl bû. Helîl ji ava tirî çêdibe, li ber tavê ziwa dikin, paşî jî şo dikin.

Me carna jî dimsê tevî mast dikir û dixwar. Ev dibû pastê me an jî kekê me...

Hûn ecêbmayî man ne wisa?

NAN, NAN, NAN

Li aliyê me li Diyarbekir nan zahf tê xwarin... Kesekî ku bêyî nan xwarinê bixwe nizane birçîtî çi ye. Di mijûlahiyên rojane de jî diyar dibû bê em çiqasî ji nan hez dikin. Me nedigote yekî "were xwarinê bixwe." Me digot: "Were em nan bixwin." Gava em li ser xwarinê bûna û mêvan bihatana me nedigote wan "We xwarin xwariye?" an jî "Tu ne birçî yî?" me digot "Te nan xwariye?" Baweriya me bi vê hebû: Kesekî ku nan nexwaribe netêr e ji sedî sed birçî ye. Li malên me kîlerên me hebûn. Li wan kîleran qetremîzên qerase hebûn. Me çi dixistin wan qetremîzan, hûn dizanin? Ez bêjim: Qetremizê herî mezin î hûrbel û qelew tije bû ard. Qetremîz li bin destê hev li kîlerê bi rêz dibûn. Yek tije bû hûrik an savar ê din nîsk, ê dîtir nok û li dû hev, fasûlî û birinc. Qetremîzê dimsê û yê rûn jî hebûn. Em zarok me zahftir ji van herduwan hez dikir. Li ser qetremîzên mewîj, bastêq, gûz û yê şaranan me hindik lêdan nedixwar ji diya xwe...

Li alê me kîlerên kê mezin bûna û qetremîzên wan zahf

bûna ew dewlemend bûn. Qetremîzên kê vala bûna halê wan nexweş, belengaz û jar bûn. Me di diayên xwe de vê digot:

"Xwedêteala qetremîzê kesî vala nehêle îşella!"
"Bereketa Brahîm Xelîl ji qetremîzên me qet kêm nebe."

Xwezî we bidîta bê diyên me çawa rojên yekşemê li dêrê piştî ayînê xwe zer dikirin nanê piçûçikî ku keşe li me belav dikir. Her yekê wê bi kotek ji wan nanikan hebekî bianiya û biavêta nav qetremîza da ku bereket ji wan kêm nebe. Qey Keşe Arsen timatî nekira û wê rojê hinekî din ji wan nanan zêde çêkira û diyên me jî ji bo yekî bi dest xistana wisa pêl stûwê hev nekirana wê çi bûbûwa gelo? Lê ji sedî sed Keşe bi tiştekî zanibû loma wiha dikir. Em pê nizanin bê çima. Ji wî û Xwedê pê ve kesî din nedizanî.

Bi giştî qetremîzên me du reng bûn: Yek jê; ji rengê xweliyê bû ê din kesk. Me: Ard, hûrik, nîsk, nok, fasûlî û savar dixiste yên ji rengê xweliyê; penîrê kezî û yê bi sîrik, xwê, dims û rûn jî dixist vayên kesk de. Gava diya min hevîr distira an jî mehîrê çêdikir ku tiştek ji kîlerê jê re lazim bûbûwa tevî destên xwe yên bi hevîr bêyî ku ji ber teşta hevîr rabe wê gazî xwişka min bikira.

"Keçê Anî ka ji kîlerê tozek xwê bîne."

Wê xwişka min bazda kîlerê ji qetremîzê xwê gemçek xwê hilaniya devê wî asê bikira û bianiya bida diya min. Wê diya min jî xwê berda nav hevî,r di ber xwe de dia bikira û hevîrê xwe bistira. Gaveke din wê îca ji bo tişkekî din gazî bikira:

"Sopêêê, ji kîlerê lûlikê bîne?" Sope, xwişka min î din bû. Ji Anî piçûktir bû. Navê we yê rastî ne Sopê, Ardemîs bû. Bela kin û gilover bû wisa gazî wê dikirin. Dibêjin demekê li Diyarbekirê jinikek hebûye wisa kin û gilover û pîr, navê wê Sope bûye. Û dîsa vêca mêrikekî pîr jî hebûye. Navê wî jî Garabet bûye. Ji bo ku neyên ji bîrkirin êdî çiqas jinikeke kin qelew hebûye an jî mêrikekî kin qelew hebûye van navan li wan kirine. Sope û Garabetê Acûc vêga ji zû de bûne kulmek ax lê vêga bi sedan Sope û Garabetên Acûc hene.

"Keçê Sope ne min got lûlikê bîne!"

Sopê wê biçûwa kîlerê lê ku dereng dima diya min dîn dibû.

"De, lê, çîçirkê, lûlik li kû ma?"

"Dayê te lûlikê daniye ku derê, ez digerim nagerim nabînim."

"Çavê te nerije, keçê tu lûlika ji qama xwe dirêjtir nabînî li wê derê?"

Sope wê hê jî li lûlika ji xwe dirêjtir bigeriya lê diya min êdî hew xwe digirt.

"Min ji hawara Xwedê tu ji binî nebînî êdî... Qîzê li ba beroşa Apo, an jî sêniya Aniyê binêre!"

Li mala me bavê min Sike û diya min Hino ji bo barê xwe sivik bikin û di rojên pêşî de tu pirsgirêkên li ser mîratê ji wan re çênebin, em li malê ser û guhê hev nexwin gava me babtîz kirine firaqên malê li ser navê her yekê ji me hiştine... Ji ber vê jî ew beroşa sifrî ku nu kiribûn navê birê min Apo lê kiribûn. Wekî din an wê bigota sênîka Anî yan jî tasa Sope û hew.

Sope wê lûlikê bidîta û xwe li hev bigindiranda bianiya bida diya min. Wê diya min destê xwe ji hevîr paqij bikira biçûwa ji nav maqerê satilê derxista komirê li dorê rêz bikira û bi lûlikê pifî agir bikira, te digot qey li bilûrê dida. Jixwe lûlik jî weke bilûrekê dirêj dihat lê hesin bû. Ku te ji alîkî de pif dikir ji aliyê din de hewa derdiket. Qulika ku hewa jê derdiket tengtir bû ji wê yekê hewa bi pest jê derdiket. Diya min devê xwe tije dikir, gujmikên wê bel dibû wek elokeke pirpişî. Diya min bi vî halê xwe dikir ku elok jî jê bihesidin. Komir li ber vî halê diya min ji şerma hêdî hêdî sor dibû û dawî bi pêrtiya xwe silavê dide, diya min.

Ku agir geş dibû diya min dûstanekî datanî ser devê maqerê. Me bi Ermenîkî bi zimanê xwe yê zikmakî jê re digot "Gesgerenk" Me sêlê jî datanî ser gesgerenkê. Sêl ewa ku hûn jî pê zanin dibê qey hinekan pihînekê li zikê wê dayê û ji paş re xûzî bûye.

Gava sêl sor dibû diya min girikekî hevîr bi darikê tîrê

vedikir, bi destên xwe yên jêhatî hevîr tenik dikir û davêt ser sêlê. Ji ber sêla sincirî nan wê gavê dinepixî. Diya min nanê pahtî di cî de ji kotroma sêlê xelas dikir datanî nav potekî û hevîrê din davêt ser sêlê. Diya min belkî pêncî carî eynî işî dikir, me jî şaşmayî lê dinihêrt.

Hevîrê dawî ku digot "xiişt" li ser sêlê diket û digot "fiirt" ji ser dihat hilandin, me jî bêtebat berê xwe dida kîlerê ji bo lorikê. Emê bi dorê bihatana ba diya xwe û wê jî her yekê ji me nanekî germ dida me. Me jî wî nanî mîna demekê çawa diya me em di pêçekê de dipêçan, wisa lorika xwe dixist navê bi kêf nan lê dipêça û bi kêf û eşq têr jê dixwar.

Carna diya me ji me re "zingilîk" ango qursik çêdikirin. Zingilîk jî ji hevîr çêdibû. Wekî min berê jî got em bi hevîr dihatin strandin û bi nan mezin dibûn. Meriv hinek rûn dixe tawê dihelîne, gava diqijile kevçiyekî hevîr berdide navê, hevîr wê ji hêrsa di nava rûnê sor de nizanibe çi bike, wê tiştek ji desta neyê û ji mecbûrî xwe binepixîne xûz bibe. Hûnê vî rebenê ku di rûnê qijilî de xûzî bûye derînin dimsê pêdekin û ji kerema dilê xwe re rûnin bixwin. Hevîrê li ser sêlê heke hinekî zêde be mesela bi qasî qilîçka diya min stûr be wê li ser wî agirî hêdî hêdî bipije qulo qulo li we binêre.

Gava nan ji nanîtiyê derdiket û ew bi xwe jî êdî nizanibû ketiye çi halî, me vêca rûnê malê (nivîşk) yê Qerejdaxê li serê digerand, li gorî dilê xwe an şekirê toz an jî dimsê lê dikir, me vê xwarina ku nav lê kiribû "nanê ser kevir" bi afiyet dixwar.

Û 'cûmûr' jî heye. Hevîr tê kirin, mîna şiklê xaçê li serê tê çêkirin, ji bo ku tirş bibe cilikekê pê de dikin û datînin devera xanî ya herî germ ji vir û pê de ji xeynî li hêviya tirşbûna wî bisekinî tiştekî tu bikî namîne. Ez nizanim çima dayîm ez bi ser hevîrê tirş î, ku dikir di devê teştê re bavêje dihatim. Di vî wextî de çûna min î mal diya min pirr kêfxweş dikir, wê gavê teşta hevîr datanî ser serê min û ez dişandim firûnê. Ev karê min î her carê bû. Nanê ku çêdibû min hildigirt û vedigeriyam mal. Dema hê bêhna germ ya nan xweş jê dihat, ku hilma wî yê belavnebûyî, nanê ku hê destê mirov piçekî jê dişewetî, em rûdiniştin, me xwe berdida erdê, nanê teze yî germ me hûrhûr dikir. Bi vê yekê nanê ku jixwe di fîrûnê de şewitîbû, nanê ku çêbûbû, bi ser de me jî devçiqand, hûr hûr dikir, me çêbûna wê di pozê wê re dianî wê ji wê sergêjahiyê dertanî, hê ew di wî halî de ku nizanibû çi diqewime me îca wê bi dimsê distira û dikir xarîkên piçûçik. Ku têdigihîşt hatiye tanga xwarinê ji Xwedê re dia dikir... me jî digot şikir ji Xwedê re ku cumûr bi me daye... Gava ku diya min dikete ber diayan minê jî tevî xarîkeke cûmûrê xwe bavêta kuçê û biçûma ba hevalên xwe yên ku bi darqilîçkê dileyîstin. Ji bo ku min jî tevî lîstika xwe bikin, minê bi mebesta bertîlê her yekê ji wan gezekê ji cûmûra xwe bida wan.

Di vê navê de hê ku hatiye bîra min ez wê jî bêjim, me bi xwe pirr ji nanê kartî hez dikir. Belê gava nan hişk dibû ber dilê me vedikir û em mîna gurên birçî difilitîn serê. Ma nanê kartî ber dilê mirov vedike?

Wa ye vedikir helbet!

Danê êvarê ku em ji dibistanê vedigerîn, me bazdida ba diya xwe ya ku nîvê emrê wê li midbexê derbas dibû:

"Da! Birçî me!"

"Da bi qurban! Va ye mehîrê çêdikim hema hinekî din jî xwe bigre, tê bixwî!"

"Lê ez zahf birçî bûme"

"Naxwe here ji kîlerê zerikek mast bîne."

Me mast di nava parzûnan de hiltanî. Satila mastê ku me ji sûkê dikirî me berî nava cawekî Amerîkanî (parzûnekî) dikir, bi dereke bilind ve dadileqand. Wê ji parzûn dilop bi dilop av bikira "tipe tip". Gava dengê "tipe tipê" dibirî êdî mast ji mastîtiyê derdiket, te digot qey dibû nivîşk. Tevî ku me ji mastê palandî hinekî dixist nav zerikekê û ava cemidî ya weke qeşayê berî serê dida êdî dewê me amade bû. Îca me radibû nanê malê'y hişk piço piço difiridand nav dew û wê berî me dew vedixwar û pê dinepixî dibû firdik. Ji wêyekê gava diya me digot "de baz de ji kîlerê zerikek mast bîne." Me nedigot vir de û wir de û me baz dida kîlerê, bi xebera diya xwe dikir û tu carî poşman nedibûn.

Me nan bi kakilê gûzan re jî dixwar. Me ji nav dîzikê gûza yê li kîlerê neh deh lib gûz dianî, li erdê çarmêrgî vedida, bi kevirekî wan dişikand, kakilên wan dertanî û dixist nav gepa nanê xwe. Me nan bi destan jê nedikir, me ew dida ber gezan. Vê paşiyê li Stenbolê em pê hisiyan ku gezkirina nan şerm e û em lê matmayî man... Halbûkî nanê ku meriv bi geza dixwe ji hemûwan xweştir e. Herê piştî ku dihat jê kirin hê nan dihate xwarin lê xwarinên wek mehîrê, firdik, şorbenîsk, nok û fasûlî me pêşî nanê xwe hûr dikir nav wan û hê dixwar. Di cejnên pîroz de nanê me dibû lavaş.

"Sibê îd e emê nanê tîrê çêkin."

Em pirr bi van gotinên diya xwe kêfxweş dibûn. Ku nanê tîrê'y xweş dihate bîra me, av bi ser devê me diket. Çîroka Îsa'y ku bi çarmixê ve dihate vezilandin û rih pê de dihat û bi esmana diket ku Keşe Arsen li dêrê her sal qal dikir ewqas jî bala me zarokan nedikişand. Ji bo me cejn tenê nanê tîrê û hêkesor bûn. Jixwe me bizaniya ku wê bi ber guhê Keşe Arsen nekeve, me yê guh bida şeytên bigota ku ji bo dilê me zarokan pê geş bibe bila pêxemberê me Îsa ji nû ve bimre û zindî bibe da em karibin salê çend carên din jî cejnê bikin. Lê belê me dizanibû guhdariya li şeytên ne karê biaqila ye.

Gava me çendek hêk datanî ser teşta hevîr û berê xwe dida firûnê, nanpêjê Kurd dizanî ku dotira rojê cejna hêkêsorê ya me gawira ye an jî bi gotina wî "filla" ye. Piştî ku nanpêj bi hosteyî hevîr pahn dikir, hêkên xav jî li hev dixist û bi ser lavaşê ve dadikir, bi destê xwe ew lê digerand datanî ser bêrikên xwe û dajot nav firûnê. Çend deqîqe bi şûn de jî devê firûnê vedikir, nanên pijandî dertanî. Nanên hêkkirî te digot qey bêhtir dibiriqîn û bi me dikeniyan. Îca nanekî wiha jî bi germahî nehata xwarin, wê çi bihata xwarin?

Tew wê bihata xwarin, peve mîna hingiv û qeymax. Lê ji bîr nekin nanekî wiha ku mirov bi tiştekî re bixwe hem şerm e hem guneh e. Berî ku zivistana xopan ya Diyarbekrê were, ji payîzê ve hema herkes bi haziriya zivistanê ve dadiket. Her malbat li gor qeweta xwe an jî mezinahiya kîlera xwe sê çar dermale serjê dikirin. Berx temamê gunehê xwe wê li ser postê xwe yê gurandî bihiştana biketana nav sîtilên sifir, bi agirê bin sîtilan wê bi tama dojehê bitemijiyana û bibûna qelî. Gava me nanê xwe parî parî davêt nav rûnê qijilî yê di sîtilan de nan ji kêfa dîn dibûn û hahaka wek sîngerekî temamê rûn dimijandin. Jixwe ev nanên sîtilên qelî li hewa diçûn. Yên ku xwe nedigihîştandinê jî tenê xwe dialastin. Di Kurdî de gotinek wiha heye;

"Heta ku Xaço sax e
Nan û pîvaz yasax e."

Bi gumana min li hemû derverên dinyayê nan û pîvaz du hevalbendên baş in. Kurd baş bi vê yekê zanin ku ji wêyekê ji bo fillan ango Xaçoyan ji xwarina nan û pîvazê bêpar bihêlin ev gotin li hev anîne.

Min xwest ez bibêjim bê em çiqasî zahf nan dixwin.

Lê heta ez vê yekê jî nebêjim nikarim dev ji vê mijarê berdim. Heke heta îro we hinek nanê kefîkî nexwaribe bi qasî pîneyê li ser derpiye qelete yê pîrika min jî mejî bi we re tune ye.

Dapîra min wê pariyek nanê kefîkî bigirta destê xwe û biçûwa di derçika derî de ji qilûska rûnişta, zerikek ava cemidî ku ji bîrê kişandibû jî wê daniya ber xwe û bi destê xwe yê lerzînok wê avê li nanê xwe bireşanda. Parîka nên gava li ser stûwê xwe bi ava qerisî dihisiya pêşî dinepixî, dûv re dinermijî, dibû weke peqlawê.

Ku hema hinek hewrik jî ji ber pîra min bifilitiyana dor dihate ser tûtikên me yên li koxê; wê pîrika min hewrikên di pêşa xwe de bicivandina mîna nanê pîroz bixista destê xwe û berê xwe bida aliyê koxê bi dengekî lerzînok bigota:

"Tû tû tû tû tûûû...."

Ev "tû tû" di zimanê mirîşka de xwedî maniyeke kûr bû: "Nan, nan, nan."

KIX SÎLVA

Li aliyê me, li Diyarbekrê, te divê keç te divê jî bila law be herkes di zarokatiya xwe de li gorî emrê xwe ille lîstikek xwe heye ku pê bileyize.

Heke bejna te hê du sê salî be, ku hê bê qolik û pozbilîk digerî, tu wê bi heriya li hewşê, bi goncalkên ava baranê, bi şûşên rengîn an jî bi pirtikên kaxezan bileyîzî. Di vê navê de diya te wê li nav malê an cilan bişo an hevîr bistirê an jî nanê sêlê bipêje. Tu wê jî bizmarekî di nav heriyê de ku te dîtiye têxî devê xwe û li tama wê binêrî, tam gava tu wê biqultînî wê diya te bi te bihise. Bi wan destên xwe yên bi hevîr wê bizmêr bikişîne û derîne ji devê te, dersa te ya yekem bide te.

"Ev kix e!"

Tu ji kixê mixê fêm nakî. Tê bigrî û bizmarê xwe yê ku tevî hevîrê destê diya te bûye bixwazî jê. Ew, li şûna bizmêr wê pariyek nan têxista destê te û dersa te ya duwem bida te.

"Ev ne kix e, delal e, ha ji te re bixwe!"

Tu ne ji kixê, ne ji başî û ne ji xerabiyê fêm dikî, giriyê xwe didomînî. Ew wê dev ji te berde û berbayî te jî nekeve, vegere ser karê xwe, dest bi şûştina derpiyên te yên gemarî bike.

Tu çar salî yî. Vêca jî rengên qehweyî û zer yê mozebeşekê wê bala te bikişîne û tuwê bixwazî wê mozê bi destê xwe bigirî, tê wê bigrî jî bêyî ku hay ji jahriya wê ya dijwar hebî, te hew dît ku tiliyên te tîrêj dan, vêca wî çaxî karekî te yê din tune be êdî wextê girînê ye. Diya te wê bi bazdan bê ba te bipirse bê ka ji ber çi sedemê, wiha tu digrî.

"Çi bû? Çima digrîy dîsa?"

Tê ji ku derê dest pê bikî û werî ku? Tuwê çawa jê re bibêjî ku min xwest ez bi mozê bileyîzim? Tê çawa pêk bînî? Tu hê nizanî moz çi ye... Tuwê ji kû zanibî ku moz û perçê şûşa rengîn ne yek tişt in? Tê bigrî, girî bûye leyîstek êdî ji te re, qet nebe diya te êdî wiha dizane. Tê wisa her bi girî û gazin mezin bibî. Wê dayika te, te bide hembêza xwe û bibe odê, dû re jî du sê lib mewîj wê têxe nav destê te,

"Çi bû, çima wek zarokan digirî?.. Ha, mêze mewîj ji te re, pirr xweş e, bixwe."

Tê him mewîjên xwe bicûy, lîka xwe bikşînî û him jî bigrî ji xwe re. Diya te wê dîsa here bi karê xwe de ku genimê xwe ji hev bibijêre.

Pênc salî yî. Li devê derî bi hevalên xwe re bi xarê dileyîzî. Wê xarîka te ji destê te bifilite here di nav qulên keviran de winda bibe. Tê ji qehra bibeicî lê xwe bigrî ku negirî û li perçek mermer bigerî ku jê ji xwe re xareke nû çêkî. Tê wî perçê mermerê bi alîkariya kevirekî, bikotî da bibe xarîk. Dema kotandina mermer, hebe nebe wê ji hostetiya te be, tê pê re tiliyên xwe jî bikotînî. Tiliyên te yên ji êşê ditîrijin ku biwerimin jî, were hafa hêsirên te yên ku berî niha te bi zor ew zeft kiribûn, vêca çawa mîna lehiyekê biherikin. Tê bazdî biçî cem dayika xwe. Ew ard bêjing dike ku jê keşkek çêke. Ne vala ye ku guh bide te ji xwe karê wê di ser serê wê re avêtiye. Wê bi wê bêhntengiyê qîrekê bide te:

"Ev çi ye lo! Heta êvarê bê sekin û tebat zirîna giriyê te

ye. Dîsa çi bû?"

Tê tiliya xwe ya ku li hev zirziriye û sor bûye nîşanî wê dî, jê re meselê bêjî. Ewê ji derdê te têbigihê, lê dîsa jî bihêrs mijûl bibe bi te re:

"Qenc û xweş bi te hat! Kî bi keviran bileyîze dawî wê ev bê serê wî..."

Lê dîsa jî her çawa hebe dayîk e. Wê dilê wê bi te bişewite. Wê here kîlerê û tevî çend lib gûz bi şûn ve vegere, wan têxe nav destê te, bi ser û çavê te şa bibe û bi dengekî dilêş bêje:

"Ha ji te re van gûzan ji xwe re bişkêne û bixwe.!"

Tê vêga di destê te de kevirek hewl bidî xwe ku gûzan bişkênî. Dema tu kakilan ji qaçilê wan derînî û bixwî tê jana tiliyên xwe jî jibîr bikî...

Temenê te şeş sal e. Li kuçê bi hevalên xwe re bi darqilîçkê dileyîzî. Lîstika we ya ku bikêf dest pê kiribû wê bi şer biqede. Lewre hevalekî we te dahf daye nav heriyê û tu jî heta ji gewriya te tê diqirî û digrî. Ku diya te bi dengê te dihise bi tirs û bi bazdan tê hewara te, dema te di wî halî de dibîne bi ser de jî ew ji te xeber dide:

"Sebav... Ev çi halê te ye? Tu di nav heriyê de mayî. Hey belqityo!"

Wê bi destê te bigre te bikişkişîne hundir. Cilên te ji te bike bivirvirîne nav coka avê, ji tilimbê avê bikişîne û bi wê ava qerisî ser û guhê te bişo, di vê navê de jî têr nifira li te bike:

"Tu xwînê vereşî min ji hewara Xwedê!.. Çûna te hebe veger tunebe!.. Çavê te birije lawo!.."

Di heft saliya te de lîstika te ya xwendekariyê dest pê dike. Wê qelem, defter, kaxez û alfabekê bidin destê te û te bişînin mektebê.

"Here bixwîne bibe meriv ji xwe re!" Tê dest bi lîstika merivbûnê bikî. Dema ji mektebê vegerî tê defter û qelema xwe bi aliyekî ve bavêjî, xwe berdî nav kuçê, nav heval û hogiran hûnê li hev bicivin derên ser bên û firokên şeytana ku we ji kaxezan çêkiribû bi firê bixin. Diya te bi te dihise ku tu bi dizî hilkişiyayî ser bên, ji jêr, ji metbexa li nav hewşê dide nifiran:

"Tu bêmirad bimînî!..Bêhn bi te bikeve ku tu kurmî bibî min ji hewara xwedê!.. Dakeve ji wir!.. Tê hêla bibî geber bibî!.."

Gava tu gihîştî bejna dahşikekî êdî heşt salî yî. Di heşt saliyê de wê teşta hevîr î mezin li pişta ti bikin û te bişînin firûnê ku nên bê pahtin. Tê hevîr bibî û nanên pijandî bînî. Ev nîşana mezinbûna te ye.

Di neh saliya xwe de ku bejna te bigihîje bejna Garabetê kose û acûcî, êdî şerm e ku tu li kuçan bi zarokan re bileyîzî... Di bêhnvedanên havînê de tê herî cem xalê xwe li ber destê wî bixebitî. Tê dest bi kişandina nixafê bikî li ba xalê xwe yê hesinger.

Di deh saliya xwe de tu di beşa sêyemîn de yî? Vêca ne şerm e ku tu bi keçika cîrana we re bileyîzî, pê re herî ser kaniyê, alî wê bi cêr avê bikşînî? Ma ne eyb e?

Dema di wan çaxan de tişta ku jê re dibêjin şerm, di hişê we de xwe bi cih dike, êdî hûn jî xwe bi xwe li ser tiştina diponijin. Nizanim gelo ji keçikên cîranên me Satenîk, ango Sato, an Sivo, yanî Sîlva, kîjan ji wan delaltir e?

Di yanzde saliya xwe de te êdî biryara xwe standiye, bibez diçî cem hevalên xwe û tişta dilê xwe ya veşarî, dibêjî...

"Ezê bi Sato re bizewicim...."

Di wan salan de tişta ji te tê ew e ku cêr hildî destê xwe û bidî ser riya kaniyê avê bikşînî. Li ber te kurterêyek jî hebe, tê rabî bidî ser riya herî dûr da qene karibî di ber derê mala Sato'yê re bibuhurî... Sato hay ji vê yekê nîn e. Ma Sato wê ji ku zanibe te biryara xwe standiye ku tê pê re bizewicî? Axir tê her tim rabî bi hêviya dîtina Satoyê herî kaniya herî dûr, ku nêzî mala wan e û dema di vegerê de bi derengî bikevî tu guh nadî gazinên diya xwe ku li ber derçika derê kuçê li benda te maye. Ne xema te ye:

"Çavik bi roniya rojê neketo... Kuro lawo, ma lingên te şikestin? An ava qestelê çikiya?"

Ne ava qestelê çikiyaye û ne jî lingên te şikestine. Lê belê wê diya te çawa bizanibe ku tu heliyayî ji xwe re? Berê ji bo tu neçî kaniyê avê nekşînî, te hezar benik li serê diya xwe girê didan. Lê vêga çawa ku ji dikanê têy malê, cêr hiltînî û baz didî ser riya kaniyê. Dayika reben wê çawa sedemê vê zanibe, wê çawa zanibe, çawa wê karibe bizanibe. Paşî wê ji ku zanibe tu wextê xwe yê ji ber karê şagiriya hesinger ku dimîne, di ber wezîfa xwe ya nû ya avkêşiyê de xerc dikî.

Li ba me li wan deran, di wî emrî de lîstika herî balkêş kişandina avê ye ji kaniyan. Min jî di wî temenî de dest bi vê lîstikê kir. Min gelek av kişand. Min di çûn û hatina li ber derê mala Sato de bê hejimar cêr û şerbik jî şikandin. Lê bi şikestina her cêrî re parçek ji dilê min jî dişkest û diçû. Kes bi halê min tênedigihîşt ku dilê min ji ber evîna Satoyê qulo bexşo bûye. Yek evdê Xwedêteala be jî...

Gava maliyê me dîtin ku bi van şikestinan qira cêrên malê hatin û bavê min jî aciz bû her roj cêrekî nû bîne malê, rabûn karê avkişandinê dan birê min î bi du salan ji min piçûktir.

Nizanim hûn hay jê hene gelo? Li ba me, li Diyarbekrê, keçikek yazde salî ku dil bikeve hinekan, dema li ba dêrê an li ser kaniyê çav pê bikeve li hev soro moro dibe, wek rengê hinarê lê tê. Vêca ez jî çi çaxî li kuçê çav bi Sato biketama, pêşî min li rengê wê dinihêrt.

Rengê Sato her tim wek xwe bû. Li rûyê min dinihêrt dibeşirî û diçû. Lê tu tişt di rengê wê de nediguherî. Ez bi sebreke mezin li hêviyê bûm ku rojekê dema çav bi min bikeve rengê wê biguhere, sor bibe, bibe wek van hêkên paskalyayê û ji min re bibeşire. Nebû. Rengê Sato tu caran sor nebû wek gulekê, lê ez her ku çûm zer bûm û çilmisîm. Wek bedena min evîna min jî zer bû çû, wek pelekî payîzê bû lîstikek ku bayê ew hilanî li hev zivirand.

Gava ku bayê evîna min î yazde salî hilanî û bir definand mezelkê Ermeniyan yê li Diyarbekrê, ez jî ketim sala xwe ya duwazdehan.

Ma di duwazde saliyê de lîstika evîndariyê diqede qey?

Ku te di duwazde saliya xwe de eşqa xwe ya yekem bi zindî binaxî kiribe, xistibe paşila axê ku bejna te jî bi ser ya dahşikekî ketibe û gihîştibe ya kerekî, ku li Diyarbekrê jî jiya bî, pê re pê re jî ji zavatiyê re amade bî, tê çi bikî?

Min dîsa bi ya xwe kir ez rabûm dil ketim Sîlvayê, keça Bedoyê cîranê me. Bedo hostê dîwara bû... Vê carê jî, dibê qey kevirê aşê Ûsoyê Kurd ê qeraş li ser dilê min digeriya. Ma li taxa me ji Sîlva pê ve keçeke din nebû? Hebûn. Erşîna Tûmayan, Sarîga Kevoyan û Tumeya Nonoyan. Min ji xwe re Sîlvayê bijart. Ez dilketiyê navê wê bûm. Ez ji zarşîrîniya wê re heliya bûm. Gava Sîlva digot "şekir", te digot qey şekir bi devê te ve dihat ku Sîlva digot "behîv" mîna ku behîv tama xwe bide devê te. Dema Sîlva digot "gul" ji her alî ve bêhna gulan difûriya ku Sîlva digot "strî" te digot qey strî di dilê te de diçikiyan, tu wiha pê dihisiyay.

Asas Rîta jî hebû, xwişka Sîlva, min dikarîbû dilê xwe berdim wê jî. Ew jî bi qasî Sîlvayê bedew bû. Lê min wiha nekir. Min vê yekê nekir.

Navê Rîta jî bi min xweş bû. Peve ji Sîlva kêmtir li însana kiribûn. Lê belê Rîta keçikek derewîn bû. Gava ku Rîtayê ez li dêrê didîtim li hev sor dibû, dibû mîna rengê gula, van gulên hişkbûyî. Lê ku li hewşa dêrê çav bi kurê meta min, Zaver jî diket wek bacanên sor lê dihat.

Rîta yeke derewîn bû. Lê Sîlva morîkek şîn! Li aliyê me keçik jî li gorî xwe leyîstikên wan hene. Li gorî emrê xwe an dileyîzin, rîs dihonin, gora pîne dikin, hevîr distirên an jî rûwê balgiyan û pêjgîran yanî desmalan dineqişînin. "Dayika te bi qurbana wan dest û tiliyên te yên narîn bibe, te çiqas desmalê delal neqişandiye wisa!"

Keçik di dehsaliya xwe de bi şev tiliyên wan tevî guzvanê di xew de diçin di xewê de bi derzî û tayîk xewnên xwe dihonin. Ta û derzî hevalên wan î leyîstekê bûn.

Li aliyê me wan deran, keçik di deh yazde saliya xwe de dest bi lîstikên evîniyê, lîstikên li hevsorbûnê dikin. Ku keçikek li ba lawikê dilê wê ketiyê de, wek rengê bacanên sor lê were, wisa be neh salî ye. Bibe rengê gula sor deh salî û ku bibe rengê hêkesorê jî ketiye yazde saliya xwe. Dema keçikek li ba dilketiyê xwe ku evîndarî wî bûbe, wek xwînê sor bike, bûye duwazde salî û ji bo neqişandina desmalan dereng jî maye êdî. Wê bîne bi tayê sor şiklê dilê xwe li ser desmalê bineqişîne, li rû wê jî herfa navê lawik a yekem deyne lê belê, gava ku bavê wê li ser karê xwe be, diya wê jî li nav malê hevîr bistirê, ewê bidizî, di tariyê de....

Gava min dilê xwe berdabû Sîlvayê ez hê duwazde salî bûm. Her roj ez di ber deriyê wan de diçûm û dihatim. Dinya xera bibûya minê ji xwe re li hev bianiya û çawa min keysê bidîta, xwe berdida kuça ku mala wan lê bû. Çawa ku ez diçûm kuça wan, dema Sîlva bi min dihisiya ew jî hildipekî ber pacê. Bêyî ku min pê bihisîne bidizî çavê xwe li serûguhê min digerand li bejna min, çavên min, porê min, brûwên min î reş, şalware min î kesk, yemeniyên min î sor, kumê min î şîn û li stûwê min, pozê min, li devê min û nexasim jî têr nedibû ku li lêvên min binêre... Bi rastî min jî bi hereketên xwe dikir ku têr li min binêre û pê re jî keseran bikişîne. Riya ku bi pêncî gavan diqediya pirî ku hêdî dimeşiyam mîna vî Nişoyê me yê qop min dikir ku di sed û pêncî gavan de biqede. Dû re jî vê riyê seranser bi eynî awayî paş ve vedigeriyam.

Dema ku rengê yemeniya min a sor û rûwê Sîlva dibûn eynî reng, ew, desmala xwe ya spî li ber pacê ji min re li ba dikir, dû re jî pacê qewî asê dikir û perdê dida berê. Lê dîsa jî min digot di pişt perdê re hebe nebe bidizîka ve li min temaşe dike.

Ez her roj bêsebr û aram li hêviyê bûm ku roja xelasiya neqişandina desmala Sîlva were. Wê rojê wê eşqa min û Sîlva bi Încîla Keşe Arsen ya pîroz, xaça pîroz, nanê pîroz û bi dûmana bixûra rojane resmiyet bistanda û emê bibûna xwedî maleke bextweş.

Ew payîz bi vî awayî buhurî. Ez bûbûm leyîstoka baranê, ku zivistan hat vêca bûm mêreberf. Di biharê de gava xelkê pez û berxên xwe berî nav mêrgan dan, Sîlvayê jî desmal neqişand, xelas kir.

Ez wê rojê di ber derê mala Sîlva re derbas bûm. Sîlva li ber pacê bû. Diyar bû ku li benda min sekiniye. Tam gava di biniya pacê re buhurîm desmalê avêt pêşiya min. Wê gavê me herduya jî wek rengê xwînê sor dikir. Hingî dilê min zû lê dida, nehewce ye bêjim gava min desmalê ji erdê hilanî ku destên min çawa dilerizîn. Li her çar kuncên desmalê herfa navê min a yekem neqişandibû. Çar M yên rengo rengo...

Ev îzbata wê bû ku Sîlva bi çar caran dil ketibû min. Ev yek ji vê pê ve nayê tu maniyeke din. Ma qey ez jî bi çar caran dil neketibûm wê? Wisa be divê min jî vê nîşanî wê bidaya. Axir min îzbat kir jî. Min desmal bir ber pozê xwe, pozê min î ku Sîlva ji temaşa wê ter nedibû, û bêhn kir. Bêhna rihanê ji desmalê dihat. Ez kenîm Sîlva jî keniya. Vêga tam wextê wê bû ez jî nîşanî wê bidim bê çar caran jê hez dikim. Min nikaribû vê bi dengekî bilind bigota. Ku diya wê ji hundir dengê min bibihîsta wê ev kar hê ji serî ve bihilşiya. Lewre min desmalê car din bir ber pozê xwe, çavên min berwarî, yek li desmalê yek jî li Sîlva û min got "fişş" pozê xwe pê xist, bi beşirîn min dîsa got "fiş" û pozê xwe paqij kir. Cara çaremîn û dawî ku min kir "fiş" û pozê xwe baş paqij kir, Sîlva xwe ji ber pacê debû alî û perdê dabû berê.

- Çima? Çawa. Min fêm nekir!

Dotira rojê, desmal li nav destê min ez rabûm çûm di ber derê mala Sîlva re buhurîm. Sîlva ne li ber pacê bû. Perda spî dîsa girtî bû. Çima? Ji ber çi?.. Rojtira din Sîlva dîsa ne li wê derê bû. Min êdî qet Sîlva li ber pacê nedidî. Ne li ser kaniyê bû û ne jî li ber hewşa derê ez car din leqayî wê nebûm winda bûbû, xwe ji min vedişart, nedihişt ez çav bi wî rûwê wê yê mîna gulan bikevim.

Û rojekê di dagera xwe ya firûnê de ez bi rê de çav bi Sîlva û diya wê ketim. Teşta nanê pijandî li ser serê min bû. Min nêzîkayî li diya Sîlva xwişka Bayzar kir û got: "Xwişka Bayzar tu pariyek ji nanê germ naxwî?" Li aliyê me edetekî diyar de ye, mirov ji nanê xwe yê firûnê yê germ berpêşî nas û dostên xwe dike da li tamê binêrin. Ew jî ille wê li tama pariyekî jê binêrin û her tim jî eynî diayê li te dikin. Xwişka Bayzar jî wiha kir: "Rind pijiya ye, bitam e tu bikî bereketa Brahîm Xelîl jê kêm nebe." Min bang kir Sîlva:

"Sîlva ji nan bixwe."

Sîlva ji nan hilnanî, germilkên xwe niçikand. Min jê hêvî kir ku pariyekî tam bike. Min kir û nekir Sîlva tam nekir û bi dengekî kelegirî axivî:

"Ez ji nanê te naxwim, derewîno!" Diya wê tu tiştî ji van gotinên Sîlvayê fêm nekir. Ez mîna kûçikê ku hestî di qirikê de bimîne, li hev sor bûm. Lê belê ev reng ne wek ê xwînê sor bû. Sorbûneke ku ji şermezariyê dihat, sorbûneke lewitî, çepel...

Wê gavê barê teşta nan li ser serê min wek kevirê aşekî giran dihat. Tişta li ser serê min ne nan, gunehkariya duwanzde saliya min bû.

Çi bû gunehê min? Çima ji nanê me nexwar? Ji ber çi nexwar?

Nebû. Sîlva tu caran nanê me nexwar. Ez û wê li dêrê, li bin siya Încîla pîroz ya Keşe Arsen û Xaça pîroz, me serê xwe neda berhev û bi kertikê pîroz ku jê re "nerod" digotin me bi hev girê nedan û tu car em nebûn qral û qralîçe....

Lê gunehê min çi bû? Silva çima ji nanê min nexwar? Çima ji min re gotibû derewîn? Ez vê paşiyê hînî van tiştan hemû bûm.

Hîn bûm... Ji hevalên xwe. Ew jî weke min bi eynî lîstikê leyistibûn. Wan bi tecrûbeyên xwe zanibûn êdî divê çawa bilivin. Ez jî hîn bûm. Lê dereng mam. Ez hîn bûm bê çi ye gunehê min. Ez li şûna ku desmalê çar caran maç bikim û deynim ser dilê xwe min çar caanr "kix" kir û pê pozê xwe sirand. Lê minê ji ku bizaniya desmal ji xeynî poz sirrandinê ku bi kêrî tiştine din jî tên?

Lê belê hîn bûm.

Ez hîn bûm û têgihîştim ku lîstikên evîniyê dest pê dikin û diqedin.

Lîstika me jî bi desmalê dest pê kiribû û bi desmalê jî dawî lê hatibû.

Lîstika me ya eşqê, lîstika me ya ku em dil ketibûn hev, ji rengê xwînê, sor bû. Veguherî rengê xweliya êgir. Ji wê xweliya êgir bi şûn de yadîgar tenê du tişt man. Navên me.
"Migoyê derewîn....."
"Kix Sîlva....."

XAÇO

Li aliyê me, mebesta min ji vê Diyarbekir e, havînan dema dibistan dihatin girtin di bêhnvedanê de ez diçûm cem xalê xwe şagirtiyê. Li ber destê wî dişixulîm.

Xalê min hesinger bû. Ez jî şagirê hesinger. Navê wî Xaçatûr bû. Lê kesî nedigote wî Xaçatûr li şûna ku dûvedirêj kin bêjin Xaçatûr hema kin li ber didan digotin wî Xaço û hew. Nexasim jî Kurdên ku ji gundan dihatin digotinê Xaço Hoste. Asas li aliyê me her çiqas navên Ermeniyan Xaço, Bedo an Nono bûna jî paşnavên hemûyan wek Xaço dihate qebûlkirin...

Li şûna bêjin Ermen digotin Xaço an jî gava bixwestana bigotana Ermenan tenê digotin Xaçoyan û ev bêhtir li hev dihat ji wan re... Car caran jî li şûna bêjin Xaço digotin gawir, Kurdan bêhtir digotin me "Fille."

Bi pirranî karê me û gundiyan bi hev hebû. Ji ber vî awayî jî serê sibehê zû divê em rabûna biçûna ser kar. Ew nîvê şevê didane rê, heta digihîştin bajêr, roj hê be ser wan de davêt. Ker û hesp û hiştir û hêstir û dahşikên gundiyan berî xweyiyên xwe ji tavê re digotin merheba. Piştî wan, di nava şalwarên rengo rengo de zilamên rîdirêj, di nava kirasên binevşî, pembe, kesk û sor de jî jin li dûv hev ji nav sûrên dîrokî dikişiyan hundir. Kêf kêfa zarokan bû li ser piştên keran dema dibû "ço ço"ya wan û bi şeqamên ku dadiweşandin çema stûwê hespan dikirin "şelpe şelp" jê bihata.

Bi vê kêfê xwe berdidan nav bajêr.

Mirov ji çar deriyan dikeve bajêr.

Te dît ew strana ku dibêje "Çar deriyê Diyarbekir/ Ka binêr wê yarê çi kir!" ev derî ne; Deriyê Mêrdînê, Deriyê Çiyê, Deriyê Ruhayê û Deriyê Nû.

Yên ku ji Deriyê Nû bihatana diviya ku ji ser Dijle re derbas bibûna. Lê riya ku di ser pira kevir î dîrokî de derbas dibe ji dirêjkirina rê pê ve bi kêrî tiştekî din nayê. Gundî dema dihatin li şûna bidin ser pirê hema rast kurtebirr li avê didan û bi vî awayî rê kin dikirin. Tevî hiştir û ker û hêstirên xwe ji keviyeke çêm lê didan di aliyê din de derdiketin. Carna jî şalwarên xwe ji xwe dikirin tevî derpiyên xwe yên spî li avê didan. Ên ku di vî karî de serwer bûn didan pêşî yên mayîn jî wek werîsekî, bi rêz li pey hev didan dûv yê pêşîvan. Lê dîsa jî Dijle salê sê çar caran qurbanên xwe ji nav wan dibijart. Di mehên biharê de ava berfa çiyan diheliya çem boş dibû û lehî radibû. Ewên ku berê daw û delingê xwe didan hev û tinazê xwe bi Dijlê dikirin vêga ji tirsa hema nedima ku bi xwe de neriyana û raste rast berê xwe didan ser riya pira kevirî kevnare. Ên ku ji pirê derbas dibûn di Deriyê Mêrdînê de diketin hundir, yên ku ji Egîl û Erxenê wan deran dihatin jî ji Deriyê Çiyê ve dikişiyan bajêr.

Sedemê hatina hemûyan hema bêje eynî bû. Hemû dihatin ku ji xwe re lemba gazê dohnê wê, fitîl, cam, neynika berîka, tevr, bêr, das, çakûç, gîsin, tirpan, faqa gur, faqa kîroşkê, faqa rûvî, qeyd, nal, mixê nalan, yemenî, çarox, cawê qelete, xwê û şekir bikirin. Ew jî destevala nedihatin, dixwestin tiştina bifiroşin an bi hev biguherin. Carna xurcikekî xwe yê ji mûyê bizinan tije gûz didan bi dasekê. An jî du mirîşkên xwe bi çaroxekê diguhastin. Hinekan jî carna eyarek tijî jajî didan bi du neynikên gilover yên berîka.

Ji ber ku gundî zû dadiketin bajêr diviya ku ez jî zû biçûma ser karê xwe. Lê Xalê Xaço dîsa jî gawirtî û filletî dikir, digot:

"Tu îro jî dereng hatî kar... Ev çi şagirî ye tu ji min re dikî gewende!"

Wê mirûzê min bibûya û minê deng nekira. Jixwe min bixwesta jî min nikaribû tiştekî bigota, lewre berî hemû tiştî hostê min, pişt re jî xalê min bû. Ji bo ku careke din erzê min nebe roja din minê zûtir bida ser rê. Di ser de dîsa jî dibû pilewila wî, digot:

"Nîvro şikest, hê pêjna te nayê! Na na min ne bawer e tu bibî meriv wesselam!"

Minê dîsa dengê xwe nekira lê minê şerm bikira, wê nav û dilê min bikeliya, minê dijûn bi xwe bikirana û ji bo ku heyfa xwe ji vî gawir kurê gawirî hilînim minê sond bi navê Încîla Keşe Arsen bixwara. Belê bê lam û cîm ezê dotira rojê berî wî bihatama devê derê dikanê, ezê li ber deriyê dikana girtî li hêviya wî bimama û minê bi beşirîneka li nava çavê wî binihêrta û vê jê re bigota:

"Hosteyo, de ka miftê bide min ku em derî vekin, tu nabînî hindik maye bibe êvar!..."

Nexêr, min ne bawer e karibim bikim.

Her carê ezê serê sibehê berî herkesî rabûma, hê roj hilnebûyî, berî azana sibê û berî keleşêrê di koxê de azan de minê bidaya ser rê û di van kuçên teng û tarî de minê bilezanda, herçî diayên ku min ji Keşe Arsen bihîstibûn wê li ser lêvên min bûna û ezê biçûma. Ev lezûbeza min tev ji bo ku ez berî xalê xwe bigihîştama wê bêmirada kotroma hesingeriyê bû.

Lê nedibû. Her cara diçûm xalê min derdiket pêşiya min. Dîna min lê ye ji mêj ve kuçik dadaye û hesin li ser rêz kirine jî. Gelek caran dilê min lê xera dibû. Min digot Xaço li dikanê radikeve. Sibehê dema diketim dikanê bi Ermenîkî di maniya rojbaş de li şûna bêje min "parîlûys" di maniya êvarbaş de digot "parîrgûn" û bi ser de jî feskê xwe bi min dikir, digot: "Lez bike here ber nixafê da em bejn û bala te bibînin."

Ez wî çaxî hê neh salî bûm.

We bi xwe tu car bi nixafê agir geş kiriye gelo? Ku Xaçoyê Hesinger hostetiyê ji we re nekiribe hûn tucarî ji derdê min kişandiye fêm nakin!..

Bi qamboçikiya xwe ve bi zor destê min digihîşt milên nixafê. Min temamê qeweta xwe dida ser milên nixafa hesinger î qerase, milê wê yê rastê min hêdîka bi alî xwe de dikişand yê çepê jî giran giran bi wê de dahf dida. Pişt re jî gava min ê çepê dikişand vêca ê rastê dahf dida. Wek dûvikê saetê geh bi vî alî de geh jî bi wî alî de diçûm û dihatim. Bi saetan ji piya ev kar wiha didomî lê dawî mirov jê dikerixî. Kişandina nixafê bi min ji ya derd û kulan girantir bû.

Werhasil ez dirêj nekim. Xalê min, hostê min Xaço wê hesin li ser kuçik rêz bikirana, wan germ bikira, dûv re jî bi kelbedanekî van hesinên sincirî daniya ser sindanê û ji vî alî wî alî bida ber çakûçan. Te digot qey bi hesin re şer dikir lê dawiya dawî wî hesinî dixist şiklekî li gorî dilê xwe. Bi vî awayî hesinên ku zanibûn bi xalê min nikarin ji hal diketin, dev ji xwe berdidan û diketin şiklê ku wî dixwest. An dibûn gîsin an das an jî bizmar. Piştî ku xalê min halê dawî didît bi serfirazî li wan dinihêrt û dibeşirî. Çakûçê destê xwe yê çepê datanî erdê, tiliya xwe ya şehadetê piçekî ditewand, xwîdana li eniyê civiyayî disirrand bi ser dasa ku li ser sindanê ji kutanê ji hev ketibû de diniqutand. Ev nîşana serfiraziya serheng a dawî bû.

Ev mêrxasê ku hesin û pola ji lêdanê li hev digevizand ma wê bi yekî mîna min î boçik î neh salî nikaribûna? Di mishefa wî de tiştekî bi vî rengî nehatiye nivîsîn. Dawî ez gihîştim vê biryarê: Gava xalê min ji min hêrs dibe ez di çavê wî de dibim wek perçê hesinekî bê şikil. Ji ber vê jî min datanî ser wê sindana ku ji bo wî ji aliyê pîrozî ve li pey Încîlê tê û ez têr didam ber çakûçan. Bi vî awayî dixwest ji min tiştekî bi kêr çê bike.

Li gorî min hostê min Xaço bi serê xwe dinyayek bû. Zilamekî ku nizanibe westandin çi ye... Tew li gorî wî yekî hesinger çawa dibû ku biweste? Ez qurbana pazû û qeweta wî.

Yekî ji xalê min biqewettir, bi hêztir min bawer nedikir ku hebûna.

Ê baş e lê dinyake min jî a xweser hebû. Ez zahf zû dibetilîm. Wî çaxî jî min nikaribû nixafê bi rêk û pêk bigeranda. Bivê nevê min milekî nixafê bêhtir didewisand û vêca jî xweliya agir ji nav kuçik heta bi ser qarça diket ji wir jî weke kuliyên berfê yên hûrik bi ser me de dibarî. Xalê min bi hêrs kumê xwe ji serê xwe datanî, bi keviya wî digirt û dibû tepe repa wî li mista destê xwe dixist ku xulav jê daweşe. Xulava ku bi ser me de dibarî hinekî jî wî bela wela dikir û dida qîra:

"Hêdî bikşîne lo!"

"Hêdî bikşîne" bi kurmancî digot.

Xalê min gava bi Kurdî biaxiviya ne ji xêrê re bû. Ev dihat maniya ku wê demê ne ez xwarziyê wî bûm ne ew xalê min bû. Têkiliya navbera me ji bo wê demê tenê ya di navbera hoste û şagirt de bû.

Gava digot "Hêdî bikşîne" û pê re jî ji bo tifikê tevdim bistê sertûj î ku me jê re digot "edreng" radikir hewa û bi hêrs dirêjî min dikir, bi bizdekiya neh saliya xwe ve min dixwest ku neh qatan têkevim bin nixafê û xwe veşêrim. Ez zahf ji wî çavrijiyayê edrengê sertûj ditirsiyam. Ew hesinkê ker kurê keran nizanim ji bo tevdana êgir îcat bûbû an ji bo ku rojekê di qoqê min î mîna yê ga de biçike, ez nizanim. Min fêm nedikir lê ez ji siya wî jî dibizdiyam. Gava dihate bîra min, ew germa wê ya sincirî ku bigihîje laşê min, bêhtir min guhê xwe dida kişandina nixafê.

Carna bênavber ji piya heta çar saetan min nixafê dikişand. Diwestiyam stûwê min firk diketê, pişta min û ranên min diarîn. Lê dîsa jî min ne digot westiyame, lewre her çiqas neh salî bûma jî min xwe weke mêrekî dihesiband. Peve derengtirîn piştî pênc salên din dibû ku min dawa zewacê jî bikira. Wisa be di van mercan de min bigota ez westiyame şerm bû. Lê di kişandina nixafê de li gorî xwe min hin teknîk pêk dianîn û qet nebe hinek be jî riyên bêhnvedanê li ber min vedibûn. Mesela riya vê dawiyê ku min dît min ji ber mirîşkên me yên ku di koxê de li ser yek piyî dilîsiyan girt. Min jî weke wan kir, gava zahf diwestiyam min ji pişt ve xwe disparte nixafê û li ser piyekî disekinîm. Piştî ku qederekê bi vî awayî dimam vêca min piyê westiyayî bi yê rehetbûyî diguherand... Tevî van teknîkan hemûyan ku dîsa jî ji westandinê qewet di laşê min de nedima min radibû mîna hemû şagirtên ber destê hesingeran dikir hawar.

"Xalo!..."

Ew gurê pîr, ji min re digot 'cihê tu biroj diçûyê ez bişev jê vedigerim' û feskê xwe bi min dikir. Hê min nedigot "Xalo" wî zanibû ezê çi bikim xwe li kerrîtî datanî. Çawa hebe ew jî di şagirtiya xwe de di van riyan de derbas bûbû. Te digot qey kevirê aşê Usoyê Kurd ê qeraş li ser pişta min digere hingî ji hev ketibûm, bi ser de jî ku xalê min wisa dikir ez dikirîm bibeicîma min vêca bi dengekî berztir dida qîran:

"Xalo!!!"

"Bikşîne, qewîtir bikşîne!"

Xalê min kin lê kemilî diaxivî. Ev bersiva wî ya li hember qîjîna min dihat vê wateyê: "Gamêşê gewende, tu dereng mayî. Ev hesinê li ser kuçik heta niha diviya ji zû ve şiklê xwe standiba û bûbûya destiyê derî. Lê tu hingî hêdî û mirarî dikişînî bi serde jî dikî çinepin ev hesinên li ser tifikê ku dereng germ dibin û têr nasincirin ez jî dema didim ber çakûçan zor bi min dikeve. Em karê xwe ku di wextê de neqedînin û teslîm nekin li hember mişteriyan emê şermezar bibin. Ji bo kêfa te ma bila deriyê xelkê bêdestî bimîne? Mêrikê xerîb gava êvarê vegere mala xwe wê bi çi li derî bide. Min di jiyana xwe de yekî weke te bêkêr nedît. Tu kar di ser guhê xwe re davêjî û ne xema te ye. Ez di emrê te de li cem Hoste Nişo dixebitîm. Min jî nixafê dikişand, lê ji sibê heta êvarê. Çitîn ji min nedihat. Ji xwe ji me zêde bû em li ber hostên xwe biaxivin. Di cî de sîleyekê dadiweşand bin guhê me.

Tu car ji bîra min naçe rojekê gava min nixafê dikişand

mîza min hat. Min bi du sê dengan gazî hoste kir lê wî ez nebihîstim. A rast bihîst lê xwe li kerrîtî danî. Min jî zanibû ku benikan li serê min girê dide lê dîsa jî bela hostê min bû min deng nedikir. Peve tenê hoste, ne xalê min bû jî.

Axir ez dirêj nekim. Min careke din gazî hostê xwe kir. Gava dîsa seh nekir min zanibû karê li ser kuçik tiştekî girîng e. Min weke te mejiyê keran nexwaribû. Hinekî din min sebir kir û diranên xwe sîqirandin. Dema min fêm kir bi sîqirandina diranan ez nikarim mîza xwe bigrim, min rabû çîmên xwe li hevdû pêçan. Pê re jî di vê navê de min bi durustî nixafê jî dikêşa... Min weke te serê gavê carekê bi pifa nixafê xwelîfiskê bi erdê nedixist li ser serê me nedikir fisildûman. Lê dîsa jî şeqamên ku min xwarin ji bîra min çûn. Yewmiya min jî tev tevî her heftiyê dikir deh qirûş nedikir jî. Ne weke yê te banqnotek bû. Ên serdestî şagirtan jî nikaribûn banqnotekî bistandana. Dûre jî min diçû wan deh qirûşan dida bavê xwe yanî kalê te Halo. Ewî jê qirûşekî jî nedida min. Kenê xwe bi qirûşekî neke. Me bi wî karibû çar lib şekirên nav kaxezan bikiriya. Ew şekirên ku ji Stenbolê dihatin. Şemiya çûyî gava ji derê derketim mîna carê min riya xwe bi mala we xist. Min go ez binêrim bê xweha min çawa ye. Xweziya min nepirsiya. Te kiriye ku bi wî 25 qirûşê min dabû te tu herî sînemê.

Ne eyb e lawo? Ma me ji bo çi ew qumbera teneke ji te re çêkir? Ji bo ev perên ku em didin te tu texiyê bidî hev da gava tu dest bi dibistanê bikî bê pere nemînî û karibî defter û qelem lazmatiyên xwe bikirî... Ji bo tu bi wan bixwînî, binivisînî û mîna min û diya xwe nezan nemînî... Tew mala minê ma ka aqil... seriyekî nato, mermerê nato... Asas ev destiyên ku em ji deriyan re çê dikin diviya bû ku em pê ne li derî lê li wî serê te yê bêmejî yî tije ka bixin. Axir ez dîsa vegerim ser Hoste Nişo. Nişoyê gava ne bi qîma wî bûya ku çawa xwe li kerrîtî datanî...

Gava digot "Çi qîre wîra te ye lawo! Qey ez kerr im" ji tirsa min dikir ez binê xwe şil bikim. Bêyî ku bi min bihese min xezîneya ku civandibû dilop dilop bi kêfeke boş berda û çû. Îcar te dît eynen wisa bû, xwarziyo..."

Tu nabêjî ez di vê navê de di xew ve çûme. Bi vî awayî navê min derbasî ser rûpelên dîrokê bûn ku yekemîn car li ber kişandina nixafê şagirek di xew ve diçe. Ji nişka ve bi dengê Xalo yê zîz ez veciniqîm: "Ranezê! Tu vê nixafê wek merivan dikşînî bikşîne an na ez bêm ezê te bidim nav dest û piyan..." min dikişand... Weke Îsa bûm. Gava wî kişandibûn çarmixê ew xaça pîroz ku li ser pişta wî bû, ev nixaf jî te digot qey wiha bû li ser pişta min. Lê ez nizanim bê kî ji me bêhtir gunehkar bû, ji bo bersiva vê jî divê şemiya bê li dêrê ez bi Keşe Arsen bişêwirim.

Bi rastî ku bêjim xalê min timûdayîm xwe li kerrîtî datanî ezê neheqiyê lê bikim. Kurmê şagirtiyê hê jî hinekî, pê re mabû. Gava pê dihisiya ku ezê bêjim "Xaloo!" berî min bi hêrs digot:

"Çi bû dîsa?... Tê biçî mizgeftê!" Di binê kumê xwe yê şîn ê tarî de minê wî serê xwe yê mîna yê "ga" bi fedyokî bihejanda bigota "Ee".

Xalê min ew kum ji min re kirîbû. Piştî êvareke şemiyê bû. Yewmiya min î yek banqnot î zîv dabû min û min jî berê xwe dabû riya bi alî mal ve. Xalê min ji nişka ve ez sekinandin û got:

"Bisekine neçe malê. Bide pêşiya min!"

Min neda pêşiya wî lê min da pey wî. Ez bi meraq li bendê bûm bê emê biçin kuderê. Asas ji xeynî dikanê li derve ji bo bi xalê xwe re bigerim rih ji min diçû. Gava kar diqediya wî çaxî dev ji hostetiyê berdida dibû birê diya min û xalê min î helal. Wê gavê xwînşîrîn û devliken bû... Xalê min li pêşiya min ez li pey em peyatî çûn ser cada Gazî ji dikanên kincfiroşan ya bi navê Ayyıldız. Heta me kumekî li gorî serê min peyde kir bezê çavê me zer bû. Kumikê herî piçûk jî li ser serê min weke vizikê dizivirî, serê min ji binî ne mezin bû. Heta vêga ku xalê min digote min "sergameş" neheqî kiribû. Ew dikandar bi çavan li ser vê mijarê li hev kirin ku ez ne "sergameş" im. Bi biryareke hevpar herdûyan kumekî şîn ê tarî kişandin serê min. Di nav kumê xwe yê nû de heta ez li serê xwe yê windayî geriyam em ji dikanê derketin jî. Pêşenîka kumikê min hingî dişemitî ber çavê min bi rê de min bi kotek ber xwe didît. Ji bo ku piyê min ne ertile û nekevim xalê min destê min xiste nav destê xwe yê bi palûk û me da ser riya malê. Nizanim ew wêneyê wê rojê min bi kumê xwe kişandibû û tê de gelekî kêfxweş bûm vêga li kûderê ye gelo?

"De hadê here, lê hema tu zû vegerî haa!"

Çawa min nixafê berda min xwe bi bayê bezê avêt derve. Piştî min kuncik bada êdî kûsiyekî jî karibû bi pêşiya min keta. Min yemeniyên xwe bi erdê ve kişkişand û berê xwe da mizgeftê. Mizgefta herî nêzîkî dikana me ewa xwedî minarên bilind ya bi navê Ulu Camî bû. Min heta vêga mizgefteke wisa pirr bi qedemgeh nedîtibû.

Dikandar, şagirt, berdestî û esnafên wê deverê hemûyan bazdidan wê mizgeftê. Ji bo qiwetiyên bi vî rengî cihekî din nebû. Rojê înan dema limêja nîvrokî devê derê qedemgehan ji xelkê tijî dibû. Garanek mêr tevî doxînên heta bi nîvî sistkirî li derçika qedemgehan bi rêz li benda dora xwe bûn. Cara pêşî dema ez jî ketim dora qedemgehê û mêr li dûv min rêz bûn, min zanibû ku ez jî êdî mezin bûme û ketime dewsa zilaman. Wan rojan ez qenc bi rastiyekê jî hisiyam. Li Diyarbekir tu kes ji bo tiştekî nakeve dorê, xwe nawestîne. Heke yekî kuresorî bî û pazûyên te têr nepixî bin wê gavê tu çi bixwazî tu karî bikî, mafê te heye. Hemû tişt li te xweş û helal e wek şîrê diya te. Lê gava gotin bihata ser dora qedemgehan wî çaxî rewş diguherî. Ji ber ku hemû kesî li vê derê hay ji mafê xwe heye û herkes ne bi xêra xwe li benda dora xwe dimîne.

Carna ji tirsa derengmayînê min dixwest ez xwe di nav yên di pêşî de rakim lê wê gavê te hew dît yekî guhê min zeft kir ez avêtim dawiya dorê. Wan dema bejna min bi qasî ya Garabetê Acûcî heftê salî hebû. Lê li ber derê qedemgehê bejin mejin ne xema kesî bû. Ku tu karibî doxîna xwe sist bikî û bişidînî divê tu li benda dora xwe jî bimînî!

Gava dor dihate min şûr di eyarê min re nediçûn, ez wisa bi qapan dimeşîm û diçûm hundir ku qet nepirsin. Gava diketim hundir jî pêşî ji qestî min xwe carekê dikuxand. Nizanim ji ber çi bû lê di qedemgehê de adet bû herkes dikuxî. Min jî xwe dikuxand. Carna hingî bi kuxandina xwe ve dimam karê esil ku diviya min bikira ji bîra min diçû û ez zêde li hundir dimam.

Vêca gava derdiketim yên ji derve di ber xwe de dibû kurepista wan hindik dima erza min bişkandana. Min jî hahaka doxîna şalwarê xwe dişidand û min dida rê.

Ji bela vê tirsê ez hertim bi bayê bezê diçûm mizgeftê û wek birûskekê jî vedigerîm. Lê tevî vê hewldana min î biecêbat dîsa jî Xalê min Xaço ji ya xwe nedihat xwarê û radibû min digot:

"Çi bû dîsa malneketo tu di avxanê werbûyî?"

Li aliyê me ji qedemgehê re dibêjin avxane. Jixwe li aliyê me navê vê nebixêrê hingî zahf in; avxane, avdestxane, riyapê, piştderî, tewalet, ûznimre, hîî! wekî wan hê garanek navên din jî lê dikin... Gava xalê min digot 'Ma tu di avxanê werbûyî' bi dûv vê re gotina wî ya duwemîn ev bû:

"Heydê!"

Bi dengê "heydê" re min xwe davêt qulpên nixafê. Lê berî dest bi kişandina nixafê bikim ji bo şewqa min a diyariya xalê min neşemite nav çavê min weke hemû nixafkêşa min jî wê berevajî dida serê xwe. Di ber de jî min dest bi kilamekê dikir:

"Diyarbekir çar alî
Li navê şûşa billurî
Xwedê sebrê bide wî
Ê dev jê berda be yara wî"

Car caran xalê min ji bo hesinê xurde rayî bike diçû û dikanê li hêviya min dihişt. Beyî ku bigota "Hay ji van deran hebî çavê xwe neneqînî heta bêm" jî dernediket. Ezê li ber devê dikanê rûniştama, minê çar alî çavê xwe li mişteriyan bigeranda. Minê berî xwediyê dikanên cîranên me xwe bavêta stuwê gundiyan da tiştina bifroşim wan. Heta ji min dihat min hewl dida xwe ku bi wan re bi Kurmancî biaxivim û tiştina bifiroşim wan. Asas ev li min zor dihat. Zahfê wan bi Tirkî nizanibûn, ên zanibûn jî incex bi qasî Kurmanciya min zanibûn.

Minê bigota:

"Were xalo bêje çi dixwazî..."

Li dikana xalê min karê min î yekemîn kişandina nixafê bûna yê duwem jî wekî min li jor bi Kurmancî got bankirina xelkê bû.

Wê ewê sereser li min binihêrtana, guh nedana gazîkirina min û rast berê xwe bidana nav xana rex me. Li wê derê wê ker û hespên xwe teslîmî wî Heciyê tima bikirana. Hecî hingî tima bû ji destgirtiyê dikir gûwê xwe bixwara. Wê Hecî hevsarê ker û hespên wan li wê hewşê bavêta çengelan û dev ji wan berdaya. Gava Hecî ne li wir bûna, ango gava diçû hesin û mesinên ku hema bêje belaş kirîbûn bi çar cara li fiyeta wê difirot hesingerên derdora xanê, li şûna wî Sebroyê Nalbend dima.

Sebroyê Nalbend ji xeynî nalbendiyê ne yekî wisa zêde tekûz bû. Pirrî caran mijûlahiyên Keşe Arsen şaş şîrove dikir. Gava jê re digot venexwe wê ji qestî vexwara heta serxweş bûbûya. Ku jê re digot "were dêrê dia bike belkî Xwedêteala gunehên te efû bike, wê ji binî riya xwe bi dêrê nexista û ji bo di ber de jî derbas nebe bi zanebûn xwe çep bikiraya riyeke din.

Ez jî misêwa ketibûm pey gundiyên ku dihatin xana Hecî û 'were xalo xaloya' min bû. Carna hinek li qaje waja min dihatin rehmê û bazara tişt û miştan dikirin. Tiştên hêsanî ez tê digihîştim. Berê xwe didane bizmarên ber min û dipirsîn:

"Çiqas e?"

Min fêm dikir. Buhayê bizmar û mîxan dipirsin. Min di cî de bersiv dida.

"Heba vî deh qirûş e xalo."

Piştî evqas ders hûn jî êdî zanin ku min çi got. We belaş bidana gundiyan, ji bo bi ser de ji we pera jî bistandana diketin bazarê. Hingî ji bazara tiştan hez dikirin. Di cî de bi min re diketin bazarê. Min tu car nedida ber bazarê. Jixwe yên ku zimanê wanî zikmakî Kurdî bûna ez bi vê piçika Kurmanciya xwe minê çawa bi wan re bazarê bikira? Min kin lê dida.

"Îdare nake Xalo."

Bi vê gotina debar nabe re carê min tiştine diifrote wan. Minê pere têxista berîka şalwarê xwe û bêyî ku çavê xwe bineqînim li hêviya xalê xwe disekinîm. Gava bihata ezê biçûma pêşiyê û minê bigota "min deh mîx firotin xalo. Min lîrekî stand."

Xalê min wê ew lîreyê zîvî mezin ji destê min bigirta û biavêta berîka xwe û bikêf serê min miz daya.

"Aferîn! Bijî!"

Dema êvarê vedigeriyam malê vêca minê bikêf behsa çîroka xwe û firotina bizmaran ji maliyan re jî bikira û aferimek ji wan jî bigirta.

Şeş salê min bi vî şiklî li ber destê xalê min di şagirtiyê de çûn. Hêdî hêdî ez ber bi hostetiyê ve diçûm hew ku min dît rojekê gotin min emê te bişînin Stenbolê.

"Here bixwîne, bibe meriv!"

Vêga li vê Stenbola ku ji bo "bibim meriv" hatimê ne Kurmancî di bîra min de ma, ne jî kişandina nixafê. Vêga li vê derê bi wê piçika Ermenîkiya ku ez hîn bûm min bi du ristî qala "merivbûna" xwe û bi sê ristan jî qala hostê xwe Xaço kir ji we re.

Migirdîç Margosyan, bi dê û bavê diya xwe Halo û Senem re. 1943, Diyarbekir. *(Koleksiyona M. Margosyan)*

Keşe Arsen û cimata wî, piştî ayîna ku ji bo mirina Patrîkê Ermeniyên Tirkiyê Haçaduryan hate çêkirin tên dîtin. Di wêne de kesê li ba Keşe Arsen Keşeyê Diyarbekrê ê Suryaniyan 'Ebune Azîz' e 1960, Diyarbekir. *(Koleksiyona M. Margosyan)*

Birçên Diyarbekrê û "kantara"yên (kemerên avê) ê Ava Hamrawat. Serê salên 1990'î.(Amidayı Artskankner, cildê 1, D. Migunţ, 1950, New York)

Birca zengilê Dêra Surp Giragos a Diyarbekrê. Salên 1900'î. *(Amidayı Artskankner, cildê 1, D. Migunt, 1950, New York)*